O Homem dos Ratos
Observações sobre um caso de neurose obsessiva

seguido de

Anotações originais sobre um caso de neurose obsessiva

Livros de Freud publicados pela **L&PM** EDITORES

Além do princípio de prazer
O caso Schreber – Observações psicanalíticas sobre um caso de paranoia descrito autobiograficamente
Compêndio da psicanálise
Da história de uma neurose infantil [O Homem dos Lobos]
Fragmento de uma análise de histeria [O caso Dora]
O Homem dos Ratos – Observações sobre um caso de neurose obsessiva seguido de *Anotações originais sobre um caso de neurose obsessiva*
Inibição, sintoma e medo
A interpretação dos sonhos
O futuro de uma ilusão
O homem Moisés e a religião monoteísta
O mal-estar na cultura
Psicologia das massas e análise do eu
Sobre a psicopatologia da vida cotidiana
Totem e tabu

L&PMCLÁSSICOS**MODERNOS**
O futuro de uma ilusão seguido de *O mal-estar na cultura*

Série Ouro:
A interpretação dos sonhos

Livros relacionados
Freud – Chantal Talagrand e René Major
 (**L&PM** POCKET Biografias)

A interpretação dos sonhos (MANGÁ)

Sigmund Freud – Paulo Endo e Edson Sousa
 (**L&PM** POCKET **ENCYCLOPAEDIA**)

SIGMUND FREUD

O Homem dos Ratos
Observações sobre um caso de neurose obsessiva

seguido de

Anotações originais sobre um caso de neurose obsessiva

Tradução do alemão de Renato Zwick
Prefácio de Noemi Moritz Kon *e* Thiago P. Majolo
Ensaio biobibliográfico de Paulo Endo *e* Edson Sousa

L&PM EDITORES

Texto de acordo com a nova ortografia.

Título original: *Bemerkungen über einen Fall von Zwangsneurose; Originalnotizen zu einem Fall von Zwangsneurose ("Rattenmann")*

Tradução: Renato Zwick

Tradução baseada no vol. 7 da *Freud-Studienausgabe*, 8. ed. corrigida, Frankfurt am Main, Fischer, 2007, p. 35-103.

Anotações: Tradução baseada no volume suplementar das *Gesammelte Werke*, "Texte aus den Jahren 1885-1938", Frankfurt am Main, Fischer, 1987, p. 509-569

Prefácio: Noemi Moritz Kon e Thiago P. Majolo

Ensaio biobibliográfico: Paulo Endo e Edson Sousa

Capa: Ivan Pinheiro Machado sobre foto de Sigmund Freud
Preparação e revisão: L&PM Editores

CIP-Brasil. Catalogação na publicação
Sindicato Nacional dos Editores de livros, RJ

F942o

    Freud, Sigmund, 1856-1939
        Observações sobre um caso de neurose obsessiva [O Homem dos Ratos] / Sigmund Freud; tradução Renato Zwick; prefácio Noemi Moritz Kon, Thiago P. Majolo; ensaio biobibliográfico Paulo Endo, Edson Sousa. – 1. ed. – Porto Alegre [RS]: L&PM, 2021.
        256 p. ; 21 cm.

    Tradução de: *Bemerkungen über einen Fall von Zwangsneurose; Originalnotizen zu einem Fall von Zwangsneurose ("Rattenmann")*
    ISBN 978-65-5666-181-0

    1. Psicanálise. 2. Psicologia clínica. 3. Transtorno obsessivo-compulsivo. 4. Saúde mental. 5. Édipo, Complexo de. I. Zwick, Renato. II. Kon, Noemi Moritz. III. Majolo, Thiago P. IV. Endo, Paulo. V. Sousa, Edson. VI. Título.

21-73324   CDD: 150.195
                      CDU: 159.964.2

Camila Donis Hartmann - Bibliotecária - CRB-7/6472

© da tradução, ensaios e notas, L&PM Editores, 2020

Todos os direitos desta edição reservados a L&PM Editores
Rua Comendador Coruja, 314, loja 9 – Floresta – 90.220-180
Porto Alegre – RS – Brasil / Fone: 51.3225.5777

Pedidos & Depto. comercial: vendas@lpm.com.br
Fale conosco: info@lpm.com.br
www.lpm.com.br

Impresso no Brasil
Primavera de 2021

Sumário

Itinerário para uma leitura de Freud
Paulo Endo e Edson Sousa 7

Prefácio
Entre dívidas e ratos
Noemi Moritz Kon e Thiago P. Majolo 17

OBSERVAÇÕES SOBRE UM CASO DE NEUROSE OBSESSIVA
[O HOMEM DOS RATOS]
  [Introdução] 41
  I. Extratos da história clínica 45
    A. O início do tratamento 46
    B. A sexualidade infantil 47
    C. O grande temor obsessivo 53
    D. A introdução à compreensão
    do tratamento 62
    E. Algumas ideias obsessivas e sua tradução .. 76
    F. O motivo da doença 87
    G. O complexo paterno e a solução da
    ideia dos ratos 92

II. A propósito da teoria 115
   A. Algumas características gerais das formações obsessivas 115
   B. Algumas peculiaridades psíquicas dos doentes obsessivos – Sua relação com a realidade, a superstição e a morte 124
   C. A vida impulsional e a derivação da obsessão e da dúvida 132

Bibliografia 146

Apêndice: Anotações originais sobre um caso de neurose obsessiva 149

Colaboradores desta edição 253

Itinerário para uma leitura de Freud
Paulo Endo e Edson Sousa

Freud não é apenas o pai da psicanálise, mas o fundador de uma forma muito particular e inédita de produzir ciência e conhecimento. Ele reinventou o que se sabia sobre a alma humana (a psique), instaurando uma ruptura com toda a tradição do pensamento ocidental, a partir de uma obra em que o pensamento racional, consciente e cartesiano perde seu lugar exclusivo e egrégio. Seus estudos sobre a vida inconsciente, realizados ao longo de toda a sua vasta obra, são hoje referência obrigatória para a ciência e para a filosofia contemporâneas. Sua influência no pensamento ocidental é não só inconteste como não cessa de ampliar seu alcance, dialogando com e influenciando as mais variadas áreas do saber, como a filosofia, as artes, a literatura, a teoria política e as neurociências.

Sigmund Freud (1856-1939) nasceu em Freiberg (atual Pøíbor), na região da Morávia, hoje parte da República Tcheca, mas àquela época parte do Império Austríaco. Filho de Jacob Freud e de sua terceira esposa, Amália Freud, teve nove irmãos – dois do primeiro casamento do pai e sete do casamento entre seu pai e sua mãe. Sigmund era o filho mais velho de oito irmãos e era sabidamente adorado pela mãe, que o chamava de "meu Sigi de ouro".

Em 1860, Jacob Freud, comerciante de lãs, mudou-se com a família para Viena, cidade onde Sigmund Freud residiria até quase o fim da vida, quando teria de se exilar em Londres, fugindo da perseguição nazista. De família pobre, formou-se em medicina em 1882. Devido a sua precária situação financeira, decidiu ingressar imediatamente na clínica médica em vez de se dedicar à pesquisa, uma de suas grandes paixões. À medida que se estabelecia como médico, pôde pensar em propor casamento para Martha Bernays. Casaram-se em 1886 e tiveram seis filhos: Mathilde, Martin, Oliver, Ernst, Sophie e Anna.

Embora o pai tenha lhe transmitido os valores do judaísmo, Freud nunca seguiu as tradições e os costumes religiosos; ao mesmo tempo, nunca deixou de se considerar um judeu. Em algumas ocasiões, atribuiu à sua origem judaica o fato de resistir aos inúmeros ataques que a psicanálise sofreu desde o início (Freud aproximava a hostilidade sofrida pelo povo judeu ao longo da história às críticas virulentas e repetidas que a clínica e a teoria psicanalíticas receberam). A psicanálise surgiu afirmando que o inconsciente e a sexualidade eram campos inexplorados da alma humana, na qual repousava todo um potencial para uma ciência ainda adormecida. Freud assumia, assim, seu propósito de remar contra a maré.

Médico neurologista de formação, foi contra a própria medicina que Freud produziu sua primeira ruptura epistêmica. Isto é: logo percebeu que as pacientes histéricas, afligidas por sintomas físicos sem causa aparente, eram, não raro, tratadas com indiferença médica e negligência no ambiente hospitalar. A histeria pedia, portanto, uma nova inteligibilidade, uma nova ciência.

A característica, muitas vezes espetacular, da sintomatologia das pacientes histéricas de um lado e, de outro, a impotência do saber médico diante desse fenômeno impressionaram o jovem neurologista. Doentes que apresentavam paralisia de membros, mutismo, dores, angústia, convulsões, contraturas, cegueira etc. desafiavam a racionalidade médica, que não encontrava qualquer explicação plausível para tais sintomas e sofrimentos. Freud então se debruçou sobre essas pacientes; porém, desde o princípio buscava as raízes psíquicas do sofrimento histérico e não a explicação neurofisiológica de tal sintomatologia. Procurava dar voz a tais pacientes e ouvir o que tinham a dizer, fazendo uso, no início, da hipnose como técnica de cura.

Em 1895, é publicado o artigo inaugural da psicanálise: *Estudos sobre a histeria*. O texto foi escrito com o médico Josef Breuer (1842-1925), o primeiro parceiro de pesquisa de Freud. Médico vienense respeitado e erudito, Breuer reconhecera em Freud um jovem brilhante e o ajudou durante anos, entre 1882 e 1885, inclusive financeiramente. *Estudos sobre a histeria* é o único material que escreveram juntos e já evidencia o distanciamento intelectual entre ambos. Enquanto Breuer permanecia convicto de que a neurofisiologia daria sustentação ao que ele e Freud já haviam observado na clínica da histeria, Freud, de outro modo, já estava claramente interessado na raiz sexual das psiconeuroses – caminho que perseguiu a partir do método clínico ao reconhecer em todo sintoma psíquico uma espécie de hieróglifo. Escreveu certa vez: "O paciente tem sempre razão. A doença não deve ser para ele um objeto de desprezo, mas, ao contrário, um adversário respeitável, uma parte do seu ser que tem boas razões de existir e que lhe deve permitir obter ensinamentos preciosos para o futuro".

Em 1899, Freud estava às voltas com os fundamentos da clínica e da teoria psicanalíticas. Não era suficiente postular a existência do inconsciente, uma vez que muitos outros antes dele já haviam se referido a esse aspecto desconhecido e pouco frequentado do psiquismo humano. Tratava-se de explicar seu dinamismo e estabelecer as bases de uma clínica que tivesse o inconsciente como núcleo. Há o inconsciente, mas como ter acesso a ele?

Foi nesse mesmo ano que Freud finalizou aquele que é, para muitos, o texto mais importante da história da psicanálise: *A interpretação dos sonhos*. A edição, porém, trazia a data de 1900. Sua ambição e intenção ao usar como data de publicação o ano seguinte era de que esse trabalho figurasse como um dos mais importantes do século XX. De fato, *A interpretação dos sonhos* é hoje um dos mais relevantes textos escritos no referido século, ao lado de *A ética protestante e o "espírito" do capitalismo*, de Max Weber, *Tractatus Logico-Philosophicus*, de Ludwig Wittgenstein, e *Origens do totalitarismo*, de Hannah Arendt.

Nesse texto, Freud propõe uma teoria inovadora do aparelho psíquico, bem como os fundamentos da clínica psicanalítica, única capaz de revelar as formações, tramas e expressões do inconsciente, além da sintomatologia e do sofrimento que correspondem a essas dinâmicas. *A interpretação dos sonhos* revela, portanto, uma investigação extensa e absolutamente inédita sobre o inconsciente. Tudo isso a partir da análise e do estudo dos sonhos, a manifestação psíquica inconsciente por excelência. Porém, seria preciso aguardar um trabalho posterior para que fosse abordado o papel central da sexualidade na formação dos sintomas neuróticos.

Foi um desdobramento necessário e natural para Freud a publicação, em 1905, de *Três ensaios sobre a teoria da sexualidade*. A apresentação plena das suas hipóteses fundamentais sobre o papel da sexualidade na gênese da neurose (já noticiadas nos *Estudos sobre a histeria*) pôde, enfim, vir à luz, com todo o vigor do pensamento freudiano e livre das amarras de sua herança médica e da aliança com Breuer.

A verdadeira descoberta de um método de trabalho capaz de expor o inconsciente, reconhecendo suas determinações e interferindo em seus efeitos, deu-se com o surgimento da clínica psicanalítica. Antes disso, a nascente psicologia experimental alemã, capitaneada por Wilhelm Wundt (1832-1920), esmerava-se em aprofundar exercícios de autoconhecimento e autorreflexão psicológicos denominados de introspeccionismo.

A pergunta óbvia elaborada pela psicanálise era: como podia a autoinvestigação esclarecer algo sobre o psiquismo profundo tendo sido o próprio psiquismo o que ocultou do sujeito suas dores e sofrimentos? Por isso a clínica psicanalítica propõe-se como uma fala do sujeito endereçada à escuta de um outro (o psicanalista).

A partir de 1905, a clínica psicanalítica se consolidou rapidamente e se tornou conhecida em diversos países, despertando o interesse e a necessidade de traduzir os textos de Freud para outras línguas. Em 1910, a psicanálise já ultrapassara as fronteiras da Europa e começava a chegar a países distantes como Estados Unidos, Argentina e Brasil. Discípulos de outras partes do mundo se aproximavam da obra freudiana e do movimento psicanalítico.

Desde muito cedo, Freud e alguns de seus seguidores reconheceram que a teoria psicanalítica tinha um alcance capaz de iluminar dilemas de outras áreas do conhecimento além daqueles observados na clínica. Um dos primeiros textos fundamentais nesta direção foi *Totem e tabu: algumas correspondências entre a vida psíquica dos selvagens e a dos neuróticos*, de 1913. Freud afirmou que *Totem e tabu* era, ao lado de *A interpretação dos sonhos*, um dos textos mais importantes de sua obra e o considerou uma contribuição para o que ele chamou de psicologia dos povos. De fato, nos grandes textos sociais e políticos de Freud há indicações explícitas a *Totem e tabu* como sendo o ponto de partida e fundamento de suas teses. É o caso de *Psicologia das massas e análise do eu* (1921), *O futuro de uma ilusão* (1927), *O mal-estar na cultura* (1930) e *O homem Moisés e a religião monoteísta* (1939).

O período em que Freud escreveu *Totem e tabu* foi especialmente conturbado, sobretudo porque estava sendo gestada a Primeira Guerra Mundial, que eclodiria em

1914 e duraria até 1918. Esse episódio histórico foi devastador para Freud e o movimento psicanalítico, esvaziando as fileiras dos pacientes que procuravam a psicanálise e as dos próprios psicanalistas. Importantes discípulos freudianos, como Karl Abraham e Sándor Ferenczi, foram convocados para o front, e a atividade clínica de Freud foi praticamente paralisada, o que gerou dissabores extremos à sua família devido à falta de recursos financeiros. Foi nesse período que Freud escreveu alguns dos textos mais importantes do que se costuma chamar a primeira fase da psicanálise (1895-1914). Esses trabalhos foram por ele intitulados de "textos sobre a metapsicologia", ou textos sobre a teoria psicanalítica.

Tais artigos, inicialmente previstos para perfazerem um conjunto de doze, eram parte de um projeto que deveria sintetizar as principais posições teóricas da ciência psicanalítica até então. Em apenas seis semanas, Freud escreveu os cinco artigos que hoje conhecemos como uma espécie de apanhado denso, inovador e consistente de metapsicologia. São eles: "Pulsões e destinos da pulsão", "O inconsciente", "O recalque", "Luto e melancolia" e "Complemento metapsicológico à doutrina dos sonhos". O artigo "Para introduzir o narcisismo", escrito em 1914, junta-se também a esse grupo de textos. Dos doze artigos previstos, cinco não foram publicados, apesar de Freud tê-los concluído: ao que tudo indica, ele os destruiu. (Em 1983, a psicanalista e pesquisadora Ilse Grubrich-Simitis encontrou um manuscrito de Freud, com um bilhete anexado ao discípulo e amigo Sándor Ferenczi, em que identificava "Visão geral das neuroses de transferência" como o 12º ensaio da série sobre metapsicologia. O artigo foi publicado em 1985 e é o sétimo e último texto de Freud sobre metapsicologia que chegou até nós.) Após o final da Primeira Guerra e alguns anos depois de ter se esmerado em reapresentar a psicanálise em seus fundamentos, Freud publica, em 1920, um artigo avassalador intitulado *Além do princípio de prazer*. Texto revolucionário, admirável e ao mesmo tempo mal aceito e mal digerido até hoje por muitos psicanalistas, desconfortáveis com a proposição de uma pulsão (ou impulso, conforme se preferiu na presente tradução) de morte autônoma e independente das pulsões de vida. Nesse artigo, Freud refaz os alicerces da teoria psicanalítica ao propor novos fundamentos para a teoria das pulsões. A primeira teoria das pulsões apresentava duas energias psíquicas como sendo a base da dinâmica do psiquismo: as pulsões do eu e as pulsões de objeto. As pulsões do eu ocupam-se em dar ao eu proteção, guarida e satisfação das necessidades elementares (fome, sede, sobrevivência, proteção contra intempéries etc.), e as pulsões de objeto buscam a associação erótica e sexual com outrem.

Já em *Além do princípio de prazer*, Freud avança no estudo dos movimentos psíquicos das pulsões. Mobilizado pelo tratamento dos neuróticos de guerra que povoavam as cidades europeias e por alguns de seus discípulos que, convocados, atenderam psicanaliticamente nas frentes de batalha, Freud reencontrou o estímulo para repensar a própria natureza da repetição do sintoma neurótico em sua articulação com o trauma.

Surge o conceito de pulsão de morte: uma energia que ataca o psiquismo e pode paralisar o trabalho do eu, mobilizando-o em direção ao desejo de não mais desejar, que resultaria na morte psíquica. É provavelmente a primeira vez em que se postula no psiquismo uma tendência e uma força capazes de provocar a paralisia, a dor e a destruição.

Uma das principais consequências dessa reviravolta é a segunda teoria pulsional, que pode ser reencontrada na nova teoria do aparelho psíquico, conhecida como segunda tópica, ou segunda teoria do aparelho psíquico (que se dividiria em ego, id e superego, ou eu, isso e supereu), apresentada no texto *O eu e o id*, publicado em 1923. Freud propõe uma instância psíquica denominada supereu. Essa instância, ao mesmo tempo em que possibilita uma aliança psíquica com a cultura, a civilização, os pactos sociais, as leis e as regras, é também responsável pela culpa, pelas frustrações e pelas exigências que o sujeito impõe a si mesmo, muitas delas inalcançáveis. Daí o mal-estar que acompanha todo sujeito e que não pode ser inteiramente superado.

Em 1938, foi redigido o texto *Compêndio da psicanálise*, que seria publicado postumamente em 1940. Freud pretendia escrever uma grande síntese de sua doutrina, mas faleceu no exílio londrino em setembro de 1939, após a deflagração da Segunda Guerra Mundial, antes de terminá-la. O *Compêndio* permanece, então, como uma espécie de inacabado testamento teórico freudiano, indicando a incompletude da própria teoria psicanalítica que, desde então, segue se modificando, se refazendo e se aprofundando.

É curioso que o último grande texto de Freud, publicado em 1939, tenha sido *O homem Moisés e a religião monoteísta*, trabalho potente e fundador que reexamina teses historiográficas basilares da cultura judaica e da religião monoteísta a partir do arsenal psicanalítico. Essa obra mereceu comentários de grandes pensadores contemporâneos como Josef Yerushalmi, Edward Said e Jacques Derrida, que continuaram a enriquecê-la, desvelando não só a herança judaica muito particular de Freud, por ele afirmada e ao mesmo tempo combatida, mas também o alcance da psicanálise no debate sobre os fundamentos da historiografia do judaísmo, determinante da constituição identitária de pessoas, povos e nações.

Esta breve anotação introdutória é certamente insuficiente, pois muito ainda se poderia falar de Freud. Contudo, esperamos haver, ao menos, despertado a curiosidade no leitor, que passará a ter em mãos, com esta coleção, uma nova e instigante série de textos de Freud, com tradução direta do alemão e revisão técnica de destacados psicanalistas e estudiosos da psicanálise no Brasil.

Ao leitor, só nos resta desejar boa e transformadora viagem.

Prefácio
Entre dívidas e ratos
Noemi Moritz Kon e Thiago P. Majolo

As grandes narrativas clínicas de Freud

Dentre os casos clínicos apresentados por Freud ao longo de sua obra, cinco narrativas foram objeto de uma análise mais aprofundada e tiveram a função principal de demonstrar à comunidade científica a validade e as vantagens da utilização de seu método investigativo e psicoterapêutico, configurado e estabelecido, então, como teoria psicológica e psicopatológica. São elas: *Fragmento de uma análise de histeria* [O caso Dora] (1905), *Análise da fobia de um menino de cinco anos* [O Pequeno Hans] (1909), *Observações sobre um caso de neurose obsessiva* [O Homem dos Ratos] (1909), *Observações psicanalíticas sobre um caso de paranoia* (dementia paranoides) *descrito autobiograficamente* [O caso Schreber] (1911) e *Da história de uma neurose infantil* [O Homem dos Lobos] (1918).

Mais do que apenas um método original de investigação e de tratamento, o projeto de Freud cria um novo homem, com uma nova inteligibilidade: o "homem psicanalítico", dotado de um aparelho psíquico inédito, composto por diferentes instâncias que operam segundo seus próprios princípios de funcionamento. Dividido entre a razão e o não saber, feito de palavras e intensidades que agitam um corpo simbólico e erógeno, este homem, movido por paixões e conflitos, não é senhor em seu castelo. É o funcionamento desse "homem psicanalítico" – em sua arquitetura, dinâmica e economia – que Freud procura materializar por meio das narrativas de casos clínicos.

Dessas cinco grandes narrativas, duas foram acompanhadas apenas indiretamente por Freud: o menino Hans foi analisado pelo pai, Max Graf – participante regular das reuniões da Sociedade Psicológica das Quartas-Feiras[1] –, sob a supervisão constante de Freud; e a narrativa clínica escrita a partir da autobiografia de Daniel Paul Schreber, *Memórias de um doente dos nervos* (1903), é, à diferença das demais, uma interpretação de Freud sobre o pormenorizado relato dos delírios desse homem que se sentia perseguido por Deus e seus representantes terrenos. Os outros três casos expõem minuciosamente o corpo a corpo da experiência clínica de Freud partilhada com Dora (Ida Bauer), com o Homem dos Ratos (Ernst Lanzer) e com o Homem dos Lobos (Serguei Constantinovitch Pankejeff).

Marcos fundamentais para a psicanálise, as cinco narrativas que deram corpo e robustez às descobertas freudianas originaram ampliações e contribuições sin-

---

1. Criada em 1902 por Sigmund Freud, Alfred Adler, Wilhelm Stekel, Rudolf Reiner e Max Kahane, foi a primeira instituição da história do movimento psicanalítico. Existiu até 1907 e foi substituída pela Wiener Psychoanalytische Vereinigung, modelo para todas as outras sociedades, que seriam reunidas na International Psychoanalytical Association (IPA). Estudiosos de diversas áreas reuniam-se na casa de Freud, para receber seus ensinamentos.

Prefácio: Entre dívidas e ratos

gulares. A fortuna crítica amealhada por cada uma delas é imensa: são inúmeros os livros e artigos publicados por psicanalistas renomados de todas as correntes e línguas; centenas de publicações de outras especialidades, filmes, espetáculos teatrais e exposições de arte foram concebidas a partir da leitura desse material. Ainda hoje, elas são a base para novos subsídios psicanalíticos de ordem teórica, clínica, psicopatológica e técnica.

Com o caso Dora, Freud valida suas teses sobre a origem da neurose, particularmente da histeria – o conflito psíquico entre desejos reprimidos e exigências morais, o recalcamento da sexualidade e a formação do sintoma conversivo como solução de compromisso e satisfação disfarçada.[2]

Análise da fobia de um menino de cinco anos expõe, pela primeira vez, a psicanálise de uma criança. O pequeno Hans apresentava como sintomas o pânico de cavalos e o receio de sair à rua. O relato é a oportunidade para Freud reafirmar suas teses em que estabelece os elos entre a sexualidade da primeira infância e a do adulto, tanto na assim denominada sexualidade normal,

---

2. O sintoma evidencia a existência de múltiplos e diferentes desejos em nosso psiquismo, desejos, na maior parte das vezes conflitantes, que devem se combinar para que sua produção seja possível. Um sintoma, para a psicanálise, não é algo que deva ou possa ser simplesmente eliminado; é uma engenhosa solução de compromisso entre forças que se opõem e configura uma entidade complexa, capaz de satisfazer, ainda que de maneira disfarçada, desejos inadmissíveis à consciência e que, por isso mesmo, foram recalcados.

a genitalidade, como naquilo que se apresenta como psicopatológico.

Com o caso do Homem dos Ratos, ele busca demonstrar a importância para a saúde psíquica do adulto das primeiras relações de objeto, principalmente com os pais, o que confirma a concepção, central para a psicanálise, do Complexo de Édipo e suas implicações: o complexo de castração, as diferenças sexual e geracional. Freud prioriza aqui a ambivalência entre os sentimentos de amor e ódio. O recalcamento do ódio que geraria, então, a ansiedade sufocante, motor das dúvidas incessantes, das ruminações, das atuações e contra-atuações, das formações delirantes complexas, ou seja, de toda uma sintomatologia própria ao quadro de terrível sofrimento que configura uma neurose obsessiva.

Com o caso Schreber, Freud emprega seu método de investigação psicanalítica a partir de uma obra escrita – como fez em outras ocasiões sobre textos de Shakespeare, Goethe, Dostoiévski e Jensen, ou sobre obras de artistas como Leonardo da Vinci e Michelangelo. Amplia o raio de ação de suas investidas, aplicando a psicanálise à compreensão da relação entre vida e obra, criando o entendimento de que as produções artísticas e culturais são sobretudo uma formação do inconsciente – assim como um sintoma, um sonho, um esquecimento ou um ato falho – que transforma o desejo sexual proscrito do artista em obra socialmente aceita e valorizada. O caso Schreber permite-lhe expandir a psicanálise para além do campo da neurose, empregando suas proposições no universo da psicose e estabelecendo um vínculo inequívoco entre razão e desrazão, entre normal e patológico.

A quinta e última narrativa é o caso do Homem dos Lobos. Nela, Freud atua como um arqueólogo que vai em busca dos restos materiais da pré-história da neurose obsessiva de seu paciente – as chamadas cenas primordiais. Tais cenas, que teriam ocorrido quando o analisando contava com um ano e meio de idade, desenterradas no processo de psicanálise, fornecem os elementos necessários para que Freud compreenda o significado do padecimento do paciente e determine os nexos causais entre a psiconeurose do adulto e a da criança que ele foi.

Com essas cinco grandes narrativas, Freud ruma da experiência clínica singular e pessoal para a universalização de suas teorias e estabelece uma aplicabilidade para sua terapêutica, que assim passa a alcançar a totalidade do humano: da pré-história à história da espécie, da infância à vida madura, da loucura à sanidade. Partindo das vivências mais íntimas de cada um de nós – dos sonhos, dos sintomas, dos tropeços comezinhos da vida cotidiana –, ele foi capaz de estabelecer também uma compreensão geral para todas as grandes conquistas civilizatórias e culturais humanas: para a ética, para a estética, para a política e para a religião.

É por isso que Sigmund Freud deve ser recebido como figura inescapável do pensamento contemporâneo ocidental. É um instaurador de discursividade, como teoriza Foucault, que determina um modo de pensar que baliza toda nossa compreensão e experiência do mundo, fixando a sexualidade e a destrutividade como as forças por trás das lógicas do prazer e do poder que ordenam as relações humanas.

A história de *Observações sobre um caso de neurose obsessiva* [*O Homem dos Ratos*]

No dia 1º de outubro de 1907, cerca de dois anos após ter procurado ajuda infrutífera com o então famoso psiquiatra Julius Wagner-Jauregg, Ernst Lanzer chega ao consultório de Freud. Quinto filho entre sete irmãos, Ernst pertencia a uma família burguesa judia de Viena, numa época de decadência da nobreza vinculada ao poder monárquico e eclesiástico. Seu pai, Heinrich Lanzer, era um militar de modos rudes e temperamento irascível, que havia se casado por conveniência com uma moça rica, Rosa Saborsky, em detrimento de uma mulher pobre, a quem amava. Ernst iniciou seus estudos em Direito no ano de 1897, mas, após a morte de Heinrich, em 1898, abraça a mesma carreira do pai, ingressando no exército.

Assim como Heinrich, Ernst se apaixonara por uma mulher de família pouco abastada, Gisela Adler. Seus pais eram contra o relacionamento, preferindo que seu filho se casasse com uma moça de boa posição financeira. Como agravante, Gisela precisou passar por um ovariectomia, o que a impediria de ser mãe.

PREFÁCIO: ENTRE DÚVIDAS E RATOS

Quando Ernst, aos 29 anos, conheceu Freud, vivia em um estado angustiado de hesitação entre querer e não querer se casar com sua amada Gisela.

Essa sua torturante indefinição quanto ao futuro configurava apenas um dos muitos sintomas graves que apresentava: dúvidas e intensas recriminações dirigidas a si mesmo e também aos outros, ímpetos obsessivos, pensamentos intrusivos e temores que denunciavam o desejo da morte de pessoas queridas, a atribuição a outros de seus pensamentos e, simultaneamente, o temor de ter seus pensamentos capturados por outros, hábitos lascivos que se contrapunham à dedicação fervorosa a todo um ritual de orações para controle de desejos inaceitáveis. Seus sintomas denunciavam um imenso conflito psíquico, jamais solucionado a contento, gerador de pensamentos e atos contraditórios capazes de negar e afirmar ao mesmo tempo tanto os desejos eróticos como os hostis a si e aos outros. Assim, Ernst vivia um exaustivo estado de persecutoriedade, numa experiência psíquica pendular entre desejos inaceitáveis e rígidas restrições punitivas.

Essas manifestações bizarras só ganharão sentido quando interpretadas no processo psicanalítico como resultantes do conflito excruciante entre o amor e o ódio, afetos experimentados desde muito cedo, nas primeiras relações vivenciadas nos primeiros anos da infância.

Ao mesmo tempo, e concomitantemente a esse sujeito angustiado, Freud também se depara com outra faceta de Ernst: a de um rapaz inteligente, culto, perspicaz e até mesmo divertido, curioso pela psicanálise e disposto a pesquisar em sua própria história as causas de seus sintomas. Durante os onze meses do tratamento (algumas versões mostram que o tratamento durou apenas quatro meses), Ernst desperta o interesse e a simpatia de Freud, que enxerga nesse paciente simultaneamente racional e supersticioso, lúcido e atormentado, um modelo para ampliar sua compreensão das neuroses obsessivas; modelo que ele começara a esboçar em "As psiconeuroses de defesa", de 1884, artigo ainda anterior à formulação do primeiro modelo de aparelho psíquico postulado em *A interpretação dos sonhos* (1900).

O interesse de Freud no rapaz é perceptível tanto em sua narrativa do caso quanto no diário clínico que mantém sobre o caso, sobre o qual se debruça todas as noites, logo após o término de suas sessões, descrevendo em minúcias as complexidades e os impasses do tratamento. O material que Ernst apresenta é profuso e por vezes de difícil apreensão, o que impressiona o psicanalista, desafiando-o na construção de um texto que pudesse ser suficientemente coerente e inteligível por seus leitores.

Aliás, narrar uma experiência clínica com veracidade é sempre um grande desafio. Como permitir que o leitor participe e acompanhe bem de perto o corpo a corpo da clínica psicanalítica em seus inúmeros detalhes, movimentos e camadas, dando oportunidade para que o caso venha a público, e, ao mesmo tempo, guardar respeitosamente o devido sigilo sobre a identidade do analisando? Daí a grande relevância da publicação do diário clínico elaborado por Freud, um relato íntimo e sem censuras da experiência espontânea e aberta, o único relato dessa espécie encontrado na grande obra freudiana. Cotejar os dois escritos – as anotações feitas em primeira mão e a narrativa publicada – nos permite distinguir também o trabalho de elaboração secundária que faz Freud, o escritor, da experiência ainda quente do encontro analítico. Ao mesmo tempo, a leitura das notas frescas dá chance para que compreendamos as diferenças entre o Freud clínico e o Freud pensador, o grande teórico da psicanálise.

E, de fato, a neurose obsessiva é trabalhosa. Seu discurso é ardiloso, cheio de contradições, dúvidas, evitações e ínfimos detalhes, que ora travam tanto o pensamento como a ação, ora disparam injúrias e atos impulsivos, conformando um labirinto enovelado que enreda Freud em um desassossego que se torna evidente em seu relato. Logo na introdução do caso, Freud se mostra perplexo e demonstra que aquilo que outrora acreditava ser apenas um "dialeto" da histeria lhe trouxe, na verdade, imensos desafios, não antecipáveis por sua compreensão anterior da neurose. Os fenômenos psíquicos que presencia junto a seu analisando não se encaixam perfeitamente no constructo teórico que estabelecera até então; algo extrapolava a concepção alcançada na metapsicologia da histeria.

Dois episódios significativos na vida de Ernst, trazidos em sequência durante o tratamento, guiam Freud à sua compreensão do caso.

Certo dia, durante exercícios físicos no exército, Ernst ouviu de um cruel capitão, um adepto dos castigos corporais, a descrição de uma tortura de origem oriental que consistiria em fixar às nádegas de um homem despido um balde com um rato dentro. O balde era em seguida aquecido e o rato, desesperado, buscava fugir daquele inferno penetrando o ânus do homem, o que provocava feridas sanguinolentas e a morte de ambos. Na tarde do mesmo dia, Ernst perde seu pincenê e telegrafa ao oculista para encomendar outro. Ao recebê-lo pelo correio e ver-se obrigado a fazer o reembolso das despesas postais a um tenente, desenvolve uma trama delirante que o prende ilusoriamente a uma dívida impagável. A essas duas recordações associa por fim outra, a de uma dívida de jogo de seu pai, que era um *Spielratte* (rato de jogatina). A dívida contraída pelo pai fora paga inicialmente por um amigo, que, por sua vez, jamais fora ressarcido. Essa trilha leva Ernst ainda a uma nova associação, agora com a palavra *heiraten* (casamento), que abre acesso a todo um complexo ambivalente, de identificação e rivalidade, de amor de ódio, que o liga ao pai. Uma cadeia de significação havia sido montada em torno dos ratos e da figura paterna: o casamento por conveniência (*heiraten*), o rato de jogo (*Spielratte*), a tortura cruel com o uso dos ratos, os ratos cruéis e sujos... Uma última associação trazida por Ernst, a de que tinha por hábito contar o dinheiro das sessões de análise dizendo "tantos florins, tantos ratos", permite a Freud juntar enfim todas as pontas, restabelecendo os nexos causais recalcados, que conduziam o fio de sentido que costurava a associação verbal: florim/rato – *raten* (cota, dinheiro)/*ratten* (ratos).

A exuberante ponte verbal que Freud compõe pelo som e pelo significado das palavras permite que seja demonstrado ao analisando o caminho associativo que fizera entre dinheiro e ratos, bem como o jogo de identificação e rivalidade que o ligava ao pai. Esse modo de compreender o inconsciente como uma linguagem, que mais tarde permitirá o desenvolvimento da primeira teoria de Lacan, é o modelo que Freud já tanto explorara principalmente em *A interpretação dos sonhos* (1900), *Psicopatologia da vida cotidiana* (1901) e *O chiste e sua relação com o inconsciente* (1905). A rede complexa de recordações e fantasias que vemos surgir a partir desse núcleo denso *Raten-Ratten* permite que o relato tortuoso e rebuscado ganhe, por fim, um sentido. A complexa relação pai-filho, tema querido a Freud, descortina uma trama atravessada por amor, ódio, culpa e punição.

A narrativa do segundo grande relato clínico publicado por Freud nos revela um psicanalista identificado positivamente com o analisando, constituindo uma relação transferencial de empatia, muito diferente daquela vivenciada junto à jovem Dora, a paciente da primeira narrativa clínica publicada por Freud. Mais consciente da importância dos processos transferenciais que ligam o analisando ao analista para a condução do tratamento, Freud procura se esquivar do lugar de déspota cruel que Ernst lhe impinge, assumindo uma posição de mestria acolhedora junto a ele.

Algumas de suas interpretações e explanações são argutas e sutis, outras soam como uma demonstração didática da teoria psicanalítica. De toda forma, Freud se mostra sempre receptivo, desejoso por diminuir os sofrimentos do analisando ao compartilhar com ele sua compreensão dos conflitos que embasam sua enfermidade e da dinâmica da neurose obsessiva.

O perfeito restabelecimento de Ernst, que Freud alega ter conseguido, soaria hoje controverso. Mas fato é que o próprio analisando afirmava ter se beneficiado do tratamento. Seguiu advogando e tomou, por fim, a decisão de se casar com Gisela. Cinco anos mais tarde, porém, faleceu na Primeira Guerra, depois de ter sido feito prisioneiro por tropas russas. Ficou conhecido pela alcunha de Homem dos Ratos, e teve sua identidade revelada em 1986 pelo psicanalista Patrick J. Mahony, no livro *Freud e o Homem dos Ratos*.

Esse relato intrincado, entremeado por jogos de palavras e que agora ganha uma tradução cuidadosa e fluida, diretamente do alemão, de Renato Zwick, foi apresentado na íntegra pela primeira vez ao público do I Congresso da Associação Internacional de Psicanálise (IPA), em Salzburgo, em abril de 1908. Na ocasião, Freud falou por cinco horas para seus admirados colegas.

O texto, porém, não convenceu a todos, especialmente a Jung, que já se distanciava de Freud na época e que achava o caso confuso. De todo modo, transparece na narrativa o constante empenho de Freud para manter de pé seu edifício teórico, baseado na compreensão psicopatológica da histeria. O resultado de seus esforços parece ser insuficiente diante dos desafios clínicos que a neurose obsessiva apresenta. É a primeira vez, por exemplo, que Freud não demonstra a descoberta de uma cena originária como causadora da neurose, mas se apoia em uma miríade de acontecimentos de ordem sexual experimentados ainda na infância de Ernst, uma sexualidade precoce e não elaborada, que mais tarde gerará culpa exacerbada.

"A neurose obsessiva permite reconhecer com nitidez muito maior do que a histeria que os fatores que dão forma à psiconeurose não devem ser buscados na vida sexual atual, e sim na infantil."

A sexualidade infantil, aquela iniciada na infância e que servirá de modelo parcialmente metabolizado pelo adulto, continuará como princípio constituinte do sujeito psicanalítico freudiano, mas agora como um novo paradigma, firmado não mais apenas na sexualidade recalcada, mas, sim, na ambivalência e na polaridade amor e ódio. É o que a compreensão metapsicológica da neurose obsessiva pedirá a Freud.

O Homem dos Ratos e seu contexto

Freud foi um homem atento ao espírito de seu tempo; foi agente de profundas mudanças, mas também resistiu a elas. Com Dora, descobriu dolorosamente a importância da transferência, abriu espaço para entender os sintomas histéricos como uma comunicação, desmitificou a histeria e deslocou o lugar da loucura; porém, com a mesma intensidade, relegou à mulher e à sexualidade feminina um lugar apequenado e desvalorizado; elas se realizariam apenas com o casamento e com a geração de filhos.

Com o Homem dos Ratos, Freud encontra o tema da relação entre pai e filho baseado no modelo edipiano do parricídio, o que o convoca a pensar em sua própria história e em seus sentimentos ambivalentes em relação ao próprio pai. Em sua contratransferência, oscila da identificação massiva com o analisando à uma posição transferencial paterna com Ernst.

Em certo momento, o Homem dos Ratos, atormentado pelo desejo de ser castigado, acredita que Freud poderia lhe dar uma surra, assim como seu pai antes fizera. Freud se esquiva, diz não ter propensão à crueldade. Mais tarde, porém, descreve em seu relato esse pai irascível de Ernst como um homem educado e gentil, como que justificando seus atos violentos e grosseiros pelo contexto em que fora criado. Freud mostra-se, aqui, como um homem ambíguo, talvez por isso fascinante, como era Ernst.

Logo no começo de seu relato, Freud escreve sobre Ernst que "O conteúdo principal de seu sofrimento seriam *temores* de que algo acontecesse a duas pessoas a quem muito ama, o pai e uma mulher que venera". O indício de que o sofrimento do analisando se enredava num complexo edípico triangular – filho, pai e mulher venerada – acaba por não ser desenvolvido com mais profundidade no relato do caso. Freud se ocupa especialmente do vértice pai/filho, relegando a ambivalente relação de Ernst com a mãe, deslocada para a figura da "mulher venerada", a um segundo plano. Na leitura do diário clínico vemos que Ernst se referia à mãe (a mesma que lhe pagou o tratamento com Freud) com asco, dando atenção especial aos seus problemas intestinais, que a infectavam com um cheiro que produzia nojo no filho. Esse aspecto do nojo e da atenção aos gases da mãe parece, curiosamente, não convocar a investigação de Freud. Comentando o caso, Renato Mezan, no seu livro *Escrever a clínica* (1998), menciona o uso do termo "venerar" (*verebren*), que significaria no alemão tanto uma idolatria quanto uma forma de respeitoso distanciamento, o que indica a ambivalência de Ernst quanto ao seu desejo erótico pela mãe. Sempre atento à minúcia das palavras, Freud, no entanto, não desenvolve essa vertente.

Numa passagem notória do caso, a evidência da importância da mãe de Ernst em sua neurose outra vez se manifesta. Sabendo da viagem da venerada Gisela para a cidade de Unterach, Ernst resolve tirar uma pedra do caminho pelo qual passaria a carruagem, uma pedra capaz de provocar um acidente. Em seguida, pensa que essa ideia é absurda e volta a colocar a pedra na estrada. Quer salvar a mulher venerada e/ou atacá-la? O jogo ambivalente é revelado nessa cena de amor exacerbado e de ódio recalcado, sendo ambos os afetos satisfeitos nessas ações contraditórias tão características da formação sintomática da neurose obsessiva. Alcança-se assim o benefício da manutenção do sintoma, numa rapsódia entre cuidado, hostilidade, culpa e castigo. A dissociação entre ódio e amor, que se recusa à união, produz esse modelo de ação dupla ou de completa inanição.

Freud, porém, não se dedica a vascular a relação de Ernst com a mãe/amada. Ele parece já estar suficientemente ocupado com a intensa relação entre pai e filho e com um problema peculiar que as obsessões do Homem dos Ratos impõem à sua teoria: como poderia o ódio ser recalcado, uma vez que até então todo o modelo de funcionamento psíquico por ele criado se baseava no recalcamento do sexual? E como poderia ele compreender esse duplo investimento, tanto amoroso quanto odioso, já que acreditava, até então, que o ódio primordial era extinguido ou substituído pelo amor?

Essa configuração do duplo e contraditório investimento objetal, a que Freud chamará de ambivalência, responde em parte suas indagações. Ou seja, o amor não substituiria ou eliminaria o ódio, mas conviveria com ele concomitantemente, como forças de igual direção e sentidos opostos traçadas sobre uma mesma linha. Pois então o sujeito investe seu objeto de amor e ódio, protegendo-o e destruindo-o ao mesmo tempo. Esse duplo investimento é fonte de possíveis culpas e sofrimentos, como os que Ernst apresentava.

Porém, é a primeira das questões que Freud não consegue resolver de modo satisfatório no texto e que deixará aberta uma trilha de pesquisas. Hoje, sabemos que essa trilha encaminhará seus estudos sobre o masoquismo e a melancolia, tão centrais na clínica e na metapsicologia psicanalítica, levando-o mais tarde, em *Além do princípio do prazer*, de 1920, a propor o último dualismo pulsional, vida/morte, e a entender que o ódio é parte integrante do sexual.

No que elabora do atendimento de Ernst, Freud não avança até esse ponto. Ele chega no reconhecimento de uma novidade em suas observações clínicas e a um novo limite teórico: as manifestações da ambivalência do analisando, capazes de produzir tantas ações contraditórias ou inibições da ação, não levavam necessariamente a uma regressão à alucinação ou a uma reclusão à fantasia, mas a um investimento no pensamento. Ou melhor, a uma erotização do pensamento. A neurose obsessiva, tal como nos mostra Ernst, é constituída de reflexões, dúvidas, ruminações, ordens, proibições e construções delirantes. Nisso, o caso do Homem dos Ratos é exemplar; e ainda que a matriz da neurose obsessiva seja apenas parcialmente elaborada por Freud a esta altura, acompanhar seu desenvolvimento e sua luta por manter de pé seu edifício teórico e, ao mesmo tempo, fazê-lo avançar é fascinante.

Após apresentar o caso, Freud discorre longamente sobre a teoria. Diz que ela está incompleta, sabe que ainda lhe faltam peças que possam ser encaixadas no restante da metapsicologia. É como se perguntasse a si, na frente do seu leitor: como o ódio pode ser recalcado? Existe uma cena originária causadora da neurose obsessiva? Quais mecanismos psíquicos diferem da histeria? Se a neurose obsessiva é apenas um dialeto, por que é de tão difícil apreensão e tratamento?

E de fato, a neurose obsessiva, a despeito do que Freud quereria a princípio, não é apenas um "dialeto da histeria". Seu jogo de construção e inibição, de ações de sentido opostos, é o resultado da atividade de desejos inconciliáveis e que não podem se dissipar. Diz Freud: "[...] ao lado do desejo obsessivo há um temor obsessivo, estreitamente ligado ao desejo". O sujeito então se vê compelido a criar estruturas defensivas contra seu próprio desejo.

E assim, o pensar obsessivo distorce a realidade de tal forma a fabricar supostos milagres na busca de uma conciliação nunca possível: uma superstição fina, a que Freud chamou de "superstição de um homem cultivado", domina a construção mental do indivíduo, fazendo-o acreditar vivenciar os mais estranhos acasos, a que ele procura dar significado. Assim, o neurótico obsessivo cria um sentimento de onipotência, imputando a seus pensamentos e sentimentos o poder de vida e morte. O labirinto de suas racionalizações cria uma lógica própria, ligando tudo a tudo, no qual o sujeito perde de vista o próprio desejo. Está sempre então comprometido com a dúvida e a incerteza, tendo no fascínio pela morte uma solução final que aliviaria o peso de seu pensar incessante.

A narrativa de Freud permite que acompanhemos, perplexos, Ernst em sua experiência atormentada e fatigante. Cortado por um feixe de contradições inconciliáveis, o neurótico obsessivo não pode agir. Ímpetos de ódio e amor precisam se satisfazer de modo aparentemente independente, destituindo-se mutuamente. "Assim, a paralisia da decisão se expande pouco a pouco sobre a totalidade do agir da pessoa", define Freud.

Atormentado por dívidas e ratos, paralisado por seu constante cismar sobre tudo e todos, Ernst Lanzer foi um homem que buscava desesperadamente controlar o desejo, impor barreiras punitivas a si mesmo, ter domínio sobre o acaso a partir de suas racionalizações. Mas é exatamente o trabalho inconsciente que, ao unir o som de duas palavras, *Raten-Ratten*, faz acelerar seus sintomas a ponto de não poder mais ignorá-los. É quando não pode mais superar a si mesmo que o Homem dos Ratos busca ajuda e começa seu tratamento.

O encontro entre Ernst e Freud acabou por mudar a história da psicanálise e, portanto, a história do Ocidente. A partir de então o tratamento da saúde mental ampliou suas fronteiras, propiciando às neuroses obsessivas uma teoria e uma possibilidade de escuta. Se outrora os sintomas restritivos e paralisantes dessa patologia, disfarçados de uma moral irrepreensível, condiziam com uma Europa profundamente hierárquica e religiosa, agora não mais: era preciso entender essas manifestações psíquicas como sintomas graves, que impediam os sujeitos de se haver com seus próprios desejos. A coragem de Freud em mudar tanto a estrutura metapsicológica que com tanto trabalho construíra, colocando-a sempre à prova, aliada à coragem de Ernst na sua busca por não se conformar com seus sintomas e as opiniões médicas de então, fazem desse relato clínico um documento importante na compreensão do homem moderno. A leitura da obra freudiana não é, portanto, destinada apenas a psicanalistas, mas a todos que desejam conhecer a história do pensamento ocidental.

Bibliografia:

DELORENZO, R. *Neurose obsessiva*. 3. ed. São Paulo: Casa do Psicólogo, 2014.

FREUD, S. "Las neuropsicosis de defensa" (1894). In: *Obras completas*. Trad. Luis Lopez-Ballesteros. Madri: Biblioteca Nueva, 1972.

_____. "La interpretación de los sueños" (1900). In: *Obras completas*. Trad. Luis Lopez-Ballesteros. Madri: Biblioteca Nueva, 1972.

_____. "Psicopatología de la vida cotidiana" (1901). In: *Obras completas*. Trad. Luis Lopez-Ballesteros. Madri: Biblioteca Nueva, 1972.

_____. "El chiste y su relación con lo inconsciente" (1905). In: *Obras completas*. Trad. Luis Lopez-Ballesteros. Madri: Biblioteca Nueva, 1972.

_____. "El hombre de las ratas – historia de una neurosis obsesiva" (1909). In: *Obras completas*. Trad. Luis Lopez-Ballesteros. Madri: Biblioteca Nueva, 1972.

GAY, Peter. *Freud, uma vida para nosso tempo*. Trad. Denise Bottmann. São Paulo: Companhia das Letras, 1989.

MEZAN, Renato. *Escrever a clínica*. 3. ed. São Paulo: Casa do psicólogo, 2008.

_____. *O tronco e os ramos: Estudos de história da psicanálise*. São Paulo: Companhia das Letras, 2014.

ROUDINESCO, Elisabeth. *Sigmund Freud, na sua época e em nosso tempo*. Trad. André Telles. Rio de Janeiro: Zahar, 2016.

_____; PLON, M. *Dicionário de psicanálise*. Trad. Vera Ribeiro, Lucy Magalhães. Rio de Janeiro: Jorge Zahar, 1998.

O Homem dos Ratos

Observações sobre um
caso de neurose obsessiva

seguido de

Anotações originais sobre um
caso de neurose obsessiva

[Introdução]

As páginas seguintes conterão duas coisas distintas: em primeiro lugar, informações fragmentárias extraídas da história clínica de um caso de neurose obsessiva que, por sua duração, por suas consequências danosas e por sua avaliação subjetiva, pôde ser contado entre os bastante graves, e cujo tratamento, ao longo de mais ou menos um ano, alcançou de início o pleno restabelecimento da personalidade e a abolição de suas inibições. E, em segundo lugar, em conexão com este caso e apoiando-se em outros antes analisados, algumas indicações aforísticas sobre a gênese e o mecanismo mais fino dos processos psíquicos obsessivos, destinadas a prosseguir minhas primeiras exposições publicadas em 1896.[1]

A mim mesmo, semelhante indicação de conteúdo parece necessitar de uma justificativa, para que porventura não se acredite que considero essa forma de exposição irrepreensível e digna de imitação, ao passo que na realidade apenas levo em conta inibições de natureza exterior e conteudística, e de bom grado teria oferecido mais se apenas me fosse permitido e pudesse fazê-lo. É que não posso comunicar a história completa do tratamento, pois isso exigiria um aprofundamento detalhado nas circunstâncias de vida de meu paciente. A inoportuna

---

1. "Observações adicionais sobre as neuropsicoses de defesa" (II. "Essência e mecanismo da neurose obsessiva").

atenção de uma cidade grande, que se dirige de maneira bem especial à minha atividade médica, proíbe-me de dar uma exposição fiel à verdade; porém, acho cada vez mais inadequadas e condenáveis as distorções a que normalmente se costuma recorrer. Caso sejam insignificantes, não atenderão ao objetivo de proteger o paciente da curiosidade indiscreta e, se forem mais longe, custarão sacrifícios grandes demais, pois destruirão o entendimento das concatenações ligadas precisamente aos pequenos fatos reais da vida. Desta última circunstância, resulta então o paradoxal estado de coisas de que é muito mais preferível entregar ao público os segredos mais íntimos de um paciente, apesar dos quais, no entanto, permanece incógnito, do que os mais inofensivos e mais banais dados sobre sua pessoa, pelos quais é conhecido de todos e que o tornariam identificável a todos.

Se assim desculpo a séria abreviação da história clínica e de tratamento, disponho de uma explicação ainda mais pertinente para me limitar a resultados isolados da investigação psicanalítica da neurose obsessiva. Confesso que até agora ainda não fui bem-sucedido em compreender inteiramente a complicada estrutura de um caso *grave* de neurose obsessiva e que não conseguiria tornar visível a outros, pela reprodução da análise, essa estrutura analiticamente reconhecida ou presumida por entre as camadas do tratamento. O que tanto dificulta a última tarefa são as resistências do doente e as formas de sua manifestação; porém, é preciso dizer que a compreensão de uma neurose obsessiva não é, por si mesma,

Introdução

nada fácil e é muito mais difícil do que a de um caso de histeria. Na verdade, seria de esperar-se o contrário. O meio pelo qual a neurose obsessiva expressa seus pensamentos secretos, o idioma da neurose obsessiva, é apenas um dialeto, por assim dizer, do idioma histérico, mas um dialeto cuja compreensão nos deveria ser mais fácil, pois é mais aparentado à expressão de nosso pensar consciente do que o idioma histérico. Sobretudo, esse dialeto não inclui aquele salto do psíquico à inervação somática – a conversão histérica –, que, afinal, nunca conseguimos acompanhar com nossa compreensão.

Talvez seja apenas nossa menor familiaridade com a neurose obsessiva a culpada pelo fato de a realidade não confirmar essa expectativa. Os neuróticos obsessivos da categoria grave se apresentam ao tratamento analítico muito mais raramente do que os histéricos. Também dissimulam na vida seu estado enquanto podem, e com frequência vêm ao médico somente em estágios tão avançados da doença que seriam excluídos de uma internação num sanatório caso tivessem uma tuberculose pulmonar, por exemplo. Aduzo essa comparação, porém, porque nos casos leves de neurose obsessiva e nos casos graves combatidos precocemente podemos indicar uma série de brilhantes sucessos terapêuticos muito semelhantes aos obtidos com aquela doença infecciosa crônica.

Sob tais circunstâncias, nada resta senão comunicar as coisas da maneira tão imperfeita e tão incompleta como as conhecemos e estamos autorizados a repassar. Os fragmentos de conhecimento aqui oferecidos, trazidos à luz com bastante esforço, poderão ser pouco satisfatórios em si mesmos, mas o trabalho de outros pesquisadores poderá tomá-los como ponto de partida, e o esforço coletivo poderá obter o resultado que talvez seja difícil demais ao indivíduo.

I
Extratos da história clínica

Um jovem de formação universitária apresenta-se alegando padecer de ideias obsessivas já desde a infância, mas com uma intensidade especial há quatro anos. O conteúdo principal de seu sofrimento seriam *temores* de que algo acontecesse a duas pessoas a quem muito ama, o pai e uma mulher a quem venera. Além disso, afirmava sentir *ímpetos obsessivos*[1], como, por exemplo, o de cortar a garganta com uma navalha, e produzir *proibições*, que também se referem a coisas indiferentes. Devido à luta contra suas ideias, teria perdido anos e, por isso, ficara para trás na vida. Dos tratamentos que tentara, nada lhe ajudou, exceto uma hidroterapia numa clínica de **; mas essa terapia provavelmente só o ajudara porque lá tinha conhecido uma pessoa com quem mantivera relações sexuais regulares. Afirmava não ter ocasião para isso aqui, que fazia sexo raramente e a intervalos irregulares. Dizia sentir nojo de prostitutas. Sua vida sexual teria sido sobremaneira pobre, o onanismo teria desempenhado apenas um pequeno papel aos dezesseis ou dezessete anos. Sua potência seria normal; primeiro coito aos 26 anos.

---

1. Em alemão, *Zwangsimpulse*. Por usar "impulso" para verter o controverso *Trieb*, preferi "ímpeto" para traduzir *Impuls*, palavra que denota menos uma força impulsora constante (caso de *Trieb*) e mais uma irrupção momentânea. (N.T.)

Ele passa a impressão de ter uma cabeça clara, perspicaz. Quando pergunto o que o leva a colocar em primeiro plano as informações sobre sua vida sexual, ele responde que é o que sabe de minhas teorias. De resto, dizia nada ter lido de meus escritos, mas que recentemente, ao folhear um livro meu, encontrara a explicação para peculiares ligações de palavras[2] que tanto o teriam lembrado de seus próprios "trabalhos de pensamento" com suas ideias que decidira confiar-se a mim.

A. O início do tratamento

Depois de exigir-lhe no dia seguinte que observasse a única condição do tratamento, a de dizer tudo o que lhe passasse pela cabeça, mesmo que lhe fosse *desagradável*, mesmo que lhe parecesse *desimportante*, *descabido* ou *absurdo*, deixando-o livre para escolher o tema com que daria início a suas comunicações, ele começa como segue[3]:

Ele tem um amigo a quem estima extraordinariamente. Vai sempre à casa dele quando o atormenta um ímpeto criminoso e lhe pergunta se este o despreza como infrator. O amigo o mantém aprumado ao assegurar-lhe que é um homem irrepreensível que provavelmente se

---

2. *Sobre a psicopatologia da vida cotidiana*, 1901 *b*.
3. Redigido conforme o registro na noite do dia da consulta, apoiando-se ao máximo nas falas recordadas do paciente. – Só posso desaconselhar o uso do tempo da própria consulta para anotar o que é ouvido. A dispersão da atenção do médico traz mais danos ao paciente do que se poderia desculpar pelo ganho na fidelidade da reprodução da história clínica.

I. Extratos da história clínica

habituou desde a infância a considerar a própria vida sob tais pontos de vista. Antes disso, outra pessoa exercera influência semelhante sobre ele, um estudante que tinha dezenove anos quando ele tinha catorze ou quinze, alguém que gostara dele e aumentara extraordinariamente sua autoconfiança, de maneira que parecia um gênio a si próprio. Esse estudante tornou-se mais tarde seu professor particular e mudou repentinamente de comportamento ao degradá-lo à categoria de imbecil. Percebeu, por fim, que esse estudante se interessava por uma de suas irmãs e só se metera com ele para ter acesso à casa. Foi o primeiro grande abalo de sua vida.

Então prossegue abruptamente:

B. A sexualidade infantil

"Minha vida sexual começou bem cedo. Recordo-me de uma cena de meu quarto ou quinto ano (a partir dos seis anos, minha memória é completa) que emergiu claramente anos depois. Tínhamos uma governanta jovem e muito bonita, a srta. Peter.[4] Ela estava deitada certa

---

4. O ex-analista dr. Alfred Adler lembrou certa vez numa conferência privada a especial importância das *primeiríssimas* comunicações dos pacientes. Eis uma prova. As palavras introdutórias do paciente acentuam a influência que homens exercem sobre ele, o papel da escolha homossexual de objeto em sua vida, e recordam logo depois um segundo motivo, que mais tarde se destacará significativamente, o conflito e a oposição de interesses entre homem e mulher. Também cabe incluir nesse contexto o fato de recordar-se da primeira e bela governanta pelo sobrenome, que, por acaso, é idêntico a um prenome masculino. (continua)

noite no sofá, usando roupas leves, e lia; eu estava deitado ao lado dela e lhe pedi permissão para me meter debaixo de suas saias. Ela deixou, desde que eu não dissesse nada a ninguém. Ela não vestia muita roupa, e apalpei-a nos genitais e no ventre, que me pareceu curioso. Desde então, fiquei com uma curiosidade ardente, torturante, de ver o corpo feminino. Lembro ainda com que tensão eu aguardava no banheiro, lugar a que ainda tinha permissão de ir com a governanta e minhas irmãs, até que ela entrasse despida na água. Recordo de mais coisas a partir dos seis anos. Tínhamos então outra governanta, também jovem e bonita, que tinha abscessos nas nádegas, os quais costumava espremer à noite. Eu aguardava esse momento a fim de saciar minha curiosidade. Da mesma forma no banheiro, embora srta. Lina fosse mais reservada do que a primeira." (A uma questão intercalada, ele responde: "Eu não dormia regularmente no quarto dela; na maioria das vezes, no quarto de meus pais".) "Lembro de uma cena ocorrida quando eu devia ter sete anos.[5] Estávamos sentados juntos, à noitinha, a governanta, a cozinheira, uma outra moça, eu e meu irmão um ano e meio mais novo. Da conversa das moças, ouvi repentinamente a srta. Lina dizendo: 'Com o pequeno já se pode fazê-lo, mas o Paul (eu) é muito desajeitado, ele vai falhar com certeza'. Não entendi claramente do que se tratava, mas entendi a preterição e comecei a

---

(cont.) Nos círculos burgueses de Viena é mais frequente chamar a governanta pelo prenome, memorizando-o preferencialmente.
5. Ele admite mais tarde a possibilidade de essa cena ter ocorrido um ou dois anos mais tarde.

I. Extratos da história clínica

chorar. Lina me consolou e me contou que uma moça que fizera algo assim com um menino sob seus cuidados ficara presa por vários meses. Não acredito que ela tenha feito algo incorreto comigo, mas tomei muitas liberdades com ela. Quando ia à sua cama, tirava o cobertor e a tocava, o que ela consentia em silêncio. Ela não era muito inteligente e, pelo visto, era muito necessitada sexualmente. Com 23 anos de idade, já tivera um filho, com cujo pai se casou mais tarde, de modo que hoje é chamada de sra. *Hofrat*.[6] Ainda a vejo com frequência na rua.

"Já aos seis anos eu sofria com ereções, e lembro que certa vez fui ter com minha mãe para me queixar disso. Lembro também que tive de superar escrúpulos nesse assunto, pois suspeitava do nexo com minhas ideias e minha curiosidade, e tive na época, por algum tempo, a ideia doentia de que *meus pais sabiam de meus pensamentos, o que eu explicava dizendo-me que os expressara, mas sem que eu próprio os ouvisse.* Vejo aí o começo de minha doença. Havia pessoas, moças, que muito me agradavam e que eu desejava imperiosamente *ver nuas*. Porém, junto com esses desejos eu tinha *um sentimento sinistro, como se algo fosse acontecer se pensasse nisso, e eu tinha de fazer todo tipo de coisa para impedir que acontecesse.*"

(Como prova desses temores, ele diz ao ser perguntado: "Por exemplo, de que *meu pai fosse morrer*".) "Pensamentos na morte do pai ocuparam-me prematuramente e por longo tempo, deixando-me bastante triste."

---

6. Isto é, "conselheiro da corte", título oficial em certas instituições austríacas, por vezes meramente honorífico. (N.T.)

Nessa ocasião, fico sabendo com espanto que seu pai, a quem, afinal, se referem seus temores obsessivos atuais, já faleceu há muitos anos.

O que nosso paciente descreve na primeira sessão do tratamento como oriundo de seu sexto ou sétimo ano não é só, como ele acha, o começo da doença, e sim já a própria doença. Uma neurose obsessiva completa, à qual não falta qualquer elemento essencial, ao mesmo tempo o cerne e o modelo do sofrimento posterior, o organismo elementar, por assim dizer, cujo estudo, tão somente, pode nos indicar a situação da complicada organização do adoecimento atual. Vemos a criança sob o domínio de um componente impulsional sexual, a vontade de olhar[7], cujo resultado é o desejo, que ressurge constantemente com grande intensidade, de ver nuas pessoas do sexo feminino que o agradam. Esse desejo corresponde à posterior ideia obsessiva; se ele ainda não tem o caráter obsessivo, isso se deve ao fato de o eu ainda não ter se colocado em completa oposição a ele, não tê-lo percebido como estranho, mas, vindo de algum lugar, já se manifesta uma oposição a esse desejo, pois um afeto desagradável acompanha regularmente seu surgimento.[8] Há evidentemente um conflito na vida psíquica do pequeno lascivo; ao lado do desejo obsessivo

---

7. Em alemão, *Schaulust*. Traduções alternativas: ânsia de ver, gosto por olhar, prazer em olhar; curiosidade, voyeurismo. (N.T.)
8. Recorde-se que houve quem tentasse explicar as ideias obsessivas sem considerar a afetividade!

I. Extratos da história clínica

há um temor obsessivo estreitamente ligado ao desejo: sempre que pensa em algo assim, precisa temer que algo terrível vá acontecer. Esse quê terrível já se reveste de uma indefinição característica, que, a partir de então, jamais faltará nas manifestações da neurose. No entanto, não é difícil descobrir na criança o que se oculta por trás dessa indefinição. Caso se consiga saber de um exemplo para qualquer uma das nebulosas generalidades da neurose obsessiva, pode-se estar certo de que esse exemplo é o próprio elemento original e genuíno cujo ocultamento é buscado pela generalização. Restaurado de acordo com seu sentido, o temor obsessivo tem o seguinte teor: "Se eu tiver o desejo de ver uma mulher nua, meu pai tem de morrer". O afeto desagradável assume claramente o matiz do sinistro, do supersticioso, e já dá origem a ímpetos de fazer algo para afastar a desgraça, tal como eles se afirmarão nas posteriores *medidas de proteção.*

Ou seja: um impulso erótico e uma rebelião contra ele, um desejo (ainda não obsessivo) e um temor (já obsessivo) que a ele se opõe, um afeto desagradável e uma pressão a praticar atos defensivos; o inventário da neurose está completo. Bem, há mais uma outra coisa, uma espécie de *delírio* ou *formação delirante* de conteúdo peculiar: os pais conheceriam seus pensamentos porque ele os expressaria sem que ele próprio os ouvisse. Dificilmente nos enganaremos ao perceber nessa tentativa infantil de explicação uma suspeita quanto àqueles notáveis processos psíquicos que chamamos de inconscientes e dos quais não podemos prescindir para a elucidação científica do obscuro estado de coisas. "Expresso meus pensamentos sem ouvi-los" soa como uma projeção para fora de nossa própria hipótese de que ele tem pensamentos sem nada saber deles; soa como uma percepção endopsíquica do recalcado.

Reconhecemos claramente: essa neurose infantil elementar já tem seu problema e seu aparente absurdo, como toda neurose complicada de um adulto. O que significará que o pai tenha de morrer se no filho se manifestar aquele desejo lascivo? Será puro absurdo, ou haverá caminhos para compreender essa frase, apreendê-la como resultado necessário de processos e pressupostos anteriores?

Se aplicarmos a esse caso de neurose infantil compreensões obtidas em outra parte, temos de supor que também aí, ou seja, antes dos seis anos, ocorreram vivências traumáticas, conflitos e recalcamentos que sucumbiram, eles próprios, à amnésia, mas tendo deixado como resíduo esse conteúdo de temor obsessivo. Mais tarde, ficaremos sabendo até que ponto nos é possível reencontrar essas vivências esquecidas ou construí-las com alguma segurança. Entretanto, como uma coincidência provavelmente nada indiferente, queremos salientar o fato de a amnésia infantil de nosso paciente ter chegado ao fim precisamente aos seis anos de idade.

A partir de vários outros casos, conheço semelhante início de uma neurose obsessiva crônica na primeira infância com tais desejos lascivos, a que se ligam expectativas sinistras e a tendência a ações defensivas. Ele é

I. Extratos da história clínica

absolutamente típico, embora provavelmente não o único tipo possível. Antes de passarmos ao conteúdo da segunda sessão, mais uma palavra sobre as vivências sexuais prematuras do paciente. Dificilmente nos recusaremos a defini-las como especialmente substanciais e efetivas. Mas também é assim nos outros casos de neurose obsessiva que pude analisar. Em contraste com a histeria, jamais falta aí a característica da atividade sexual prematura. A neurose obsessiva permite reconhecer com nitidez muito maior do que a histeria que os fatores que dão forma à psiconeurose não devem ser buscados na vida sexual atual, e sim na infantil. A vida sexual presente dos neuróticos obsessivos pode com frequência parecer completamente normal ao pesquisador superficial; muitas vezes, oferece muito menos fatores patogênicos e anormalidades do que precisamente no caso de nosso paciente.

C. O grande temor obsessivo

"Acho que hoje quero começar com a vivência que foi para mim o motivo direto para procurar o senhor. Foi em agosto, durante o exercício militar em ***. Estivera mal antes disso e me atormentara com todo gênero de pensamentos obsessivos, mas que, durante o exercício, logo recuaram. Interessava-me mostrar aos oficiais de carreira que não só tínhamos aprendido algo, mas que também podíamos aguentar algumas coisas. Certo dia, fizemos uma pequena marcha partindo de **. Durante o descanso, perdi meu pincenê e, embora pudesse tê-lo achado facilmente, não quis adiar a partida e desisti dele, mas telegrafei a meu óptico em Viena para que me mandasse um substituto imediatamente. Durante esse mesmo descanso, tomei lugar entre dois oficiais, um dos quais, um capitão de nome tcheco, se tornaria importante para mim. Eu tinha um certo medo do homem, *pois evidentemente gostava de coisas cruéis*. Não direi que era ruim, mas, durante as refeições, defendera repetidas vez a introdução de castigos físicos, de modo que tive de contradizê-lo energicamente. Nesse descanso, pois, começamos a conversar, e o capitão contou que lera sobre um castigo oriental especialmente terrível..."

Neste ponto ele se interrompe, levanta-se e me pede para poupá-lo da descrição dos detalhes. Asseguro-lhe que eu próprio não tenho qualquer tendência à crueldade, que por certo não quero atormentá-lo, mas que naturalmente não posso lhe dar o que não tenho. Seria o mesmo que pedir-me para lhe dar dois cometas de presente. A superação das resistências era um imperativo do tratamento impossível de ignorar. (Apresentara-lhe o conceito de "resistência" no início dessa sessão, quando ele disse que tinha muitas coisas a superar dentro de si caso fosse comunicar sua vivência.) Prossegui dizendo que faria o que pudesse para depreender completamente algo por ele aludido. Será que ele se referia ao empalamento? – Não, isso não, mas o condenado era amarrado – ele se expressava tão indistintamente que não pude adivinhar logo em que posição – e colocavam um pote virado sobre seu traseiro, no qual então introduziam

I. Extratos da história clínica

ratos que se – ele tinha se erguido outra vez e dava todos os sinais do horror e da resistência – *enfiavam*. No ânus, pude completar.

Em todos os momentos mais importantes da narrativa percebe-se nele uma expressão facial composta de modo muito particular, que só consigo decompor como *horror ao prazer por ele sentido e que ele próprio desconhece*. Com todas as dificuldades, ele prossegue: "Naquele momento, fui sacudido pela *ideia de que isso acontecesse com uma pessoa cara a mim*".[9] Ao ser questionado diretamente, diz que não seria ele a executar a punição, mas que é executada impessoalmente com essa pessoa. Após breve reflexão, sei que essa "ideia" se referia à mulher por ele venerada.

Ele interrompe a narrativa para me assegurar quão alheia e hostilmente esses pensamentos a ele se contrapõem e com que rapidez extraordinária transcorre nele tudo o mais que a eles se liga. Com a ideia, sempre se apresenta também, ao mesmo tempo, a "sanção", isto é, a medida defensiva que ele precisa seguir para que tal fantasia não se realize. Quando o capitão falou daquele castigo medonho e surgiram nele aquelas ideias, ele conseguiu se defender de *ambas* com as fórmulas costumeiras, com um "mas" acompanhado de um movimento desdenhoso da mão e com a fala "ora, que ideia é essa".

---

9. Ele diz: ideia; a designação mais forte e mais importante, *desejo*, ou antes, *temor*, está evidentemente encoberta pela censura. Infelizmente, não consigo reproduzir a peculiar imprecisão de todas as suas falas.

O plural me deixou perplexo, da mesma forma que também terá permanecido incompreensível ao leitor. Afinal, até aqui ouvimos apenas a respeito de uma ideia, a do castigo dos ratos sendo aplicado à mulher. Mas então ele admite que emergiu nele ao mesmo tempo a ideia do castigo recaindo também sobre o pai. Visto que o pai faleceu há muitos anos, ou seja, que esse temor obsessivo é ainda muito mais absurdo que o primeiro, este buscou se esconder da admissão por mais algum tempo.

Na noite seguinte, o mesmo capitão lhe repassou um pacote vindo pelo correio e disse: "O primeiro-tenente A.[10] adiantou o pagamento do reembolso para ti. Precisas devolver-lhe o valor". No pacote estava o pincenê encomendado telegraficamente. Mas, nesse momento, tomou forma uma "sanção": *não devolver o dinheiro*, caso contrário, acontecerá aquilo (isto é, a fantasia dos ratos se realizará com o pai e a mulher). E, conforme um tipo por ele conhecido, logo surgiu nele, para combater essa sanção, um mandamento semelhante a um juramento: "*Tens de devolver ao primeiro-tenente A. as 3,80 coroas*", o que ele quase disse a meia-voz para si mesmo.

O exercício militar terminara dois dias depois. Ele preencheu esse tempo com esforços para devolver a pequena soma ao primeiro-tenente A., contra o que se erguiam cada vez mais dificuldades de natureza aparentemente *objetiva*. Primeiramente, tentou fazer o pagamento por intermédio de outro oficial que ia ao correio, mas ficou muito contente quando este lhe trouxe o dinheiro

---

10. Os nomes são quase indiferentes aqui.

I. Extratos da história clínica

de volta com a explicação de que não encontrara o primeiro-tenente A. no correio, pois esse modo de cumprir o juramento não o satisfazia, já que não correspondia a este teor: "*Tu* tens de devolver o dinheiro ao primeiro-tenente A.". Por fim, encontrou A., mas este recusou o dinheiro observando que não fizera adiantamento algum, que o correio sequer estava a cargo dele, e sim do primeiro-tenente B. Ele estava bastante abalado por não poder cumprir seu juramento, pois seu pressuposto estava equivocado, e inventou expedientes bastante singulares: ele iria ao correio com os dois senhores, A. e B.; lá A. daria 3,80 coroas à atendente, esta as daria a B. e ele, então, conforme o teor do juramento, devolveria as 3,80 coroas a A.

Não me admirarei se a compreensão dos leitores falhar nessa parte, pois a exposição detalhada que o paciente me deu dos fatos exteriores desses dias e de suas reações a eles também padecia de contradições internas e soava terrivelmente confusa. Somente por ocasião de um terceiro relato foi possível levá-lo a compreender essas obscuridades e desnudar as ilusões mnêmicas e os deslocamentos em que incorrera. Poupo-me de reproduzir esses detalhes, dos quais logo poderemos recuperar o essencial, e observo ainda que ao final dessa segunda sessão ele se comportava como se estivesse atordoado e confuso. Dirigia-se repetidamente a mim com "sr. capitão", provavelmente porque no início da sessão eu observara não ser um homem cruel como o capitão M. e não ter o propósito de atormentá-lo desnecessariamente.

Além disso, apenas obtive dele nessa sessão o esclarecimento de que desde o começo, também quanto a todos os temores anteriores de que acontecesse algo a pessoas caras, situara essas punições não só no mundo terreno, mas também na eternidade, no além. Até os catorze ou quinze anos fora religioso de uma maneira muito conscienciosa, momento a partir do qual se desenvolvera até chegar a seu atual livre-pensamento. Ele compensava a contradição ao dizer-se: "O que sabes da vida no além? O que sabem os outros? Não é possível saber nada, afinal; nada arriscas, então podes acreditar". Esse homem geralmente tão perspicaz considera irrepreensível esse modo de tirar conclusões e, de tal forma, aproveita em favor da superada e devota visão de mundo a incerteza da razão diante desse problema.

Na terceira sessão, ele conclui o relato bastante característico de seus esforços para cumprir o juramento obsessivo: à noite, teve lugar a última reunião dos oficiais antes do fim do exercício militar. Coube-lhe agradecer pelo brinde "aos senhores da reserva". Ele falou bem, mas como um sonâmbulo, pois em segundo plano seu juramento continuava a atormentá-lo. A noite foi atroz; argumentos e contra-argumentos se digladiavam; o argumento principal, naturalmente, era que o pressuposto de seu juramento, de que o primeiro-tenente A. pagara a soma por ele, não estava correto. Mas ele se consolava com o fato de ainda não ser tarde demais, já que A. acompanharia até certa altura a cavalgada do dia seguinte

I. Extratos da história clínica

à estação ferroviária de P., de modo que teria tempo de abordá-lo a respeito do favor. Porém não o fez, deixou A. seguir seu caminho, mas encarregou seu ordenança de anunciar sua visita para a tarde. Chegou às nove e meia da manhã à estação, descarregou a bagagem, tomou toda sorte de providências na pequena cidade e em seguida se propôs a fazer a visita a A. O povoado em que A. estava estacionado situava-se a mais ou menos uma hora de veículo da cidade de P. A viagem de trem até o lugar em que se achava a agência postal levaria três horas; ele achava, portanto, que ainda conseguiria, após a execução de seu complicado plano, pegar o trem noturno que partia de P. a Viena. As ideias que se digladiavam diziam, por um lado: isso tudo era uma covardia dele, pelo visto só queria se poupar o incômodo de pedir esse sacrifício a A. e de fazer papel de louco, motivo pelo qual não fazia caso de seu juramento; por outro lado: era uma covardia, ao contrário, que ele cumprisse o juramento, visto que com isso só queria obter sossego das ideias obsessivas. Se numa reflexão os argumentos se equilibravam dessa maneira, ele costumava se deixar levar por acontecimentos casuais como se fossem juízos divinos. Por isso, disse "Sim" quando um carregador lhe perguntou na estação ferroviária "Para o trem das dez, sr. tenente?", partiu às dez e assim arranjara um *fait accompli* [fato consumado] que muito o aliviou. Além disso, pegou com o cobrador do vagão-restaurante uma ficha para a refeição coletiva. Na primeira estação, ocorreu-lhe subitamente que agora ainda poderia desembarcar, esperar pelo trem da volta e viajar com ele a P. e ao lugar em que se encontrava o primeiro-tenente A., fazer então com ele a viagem ferroviária de três horas até a agência postal etc. Apenas a consideração pela confirmação que dera ao garçom o impediu de realizar esse propósito; mas não desistiu dele, adiando o desembarque para uma estação seguinte. E assim foi indo de estação em estação até chegar a uma em que o desembarque lhe pareceu impossível porque ali tinha parentes, e decidiu ir até Viena, visitar lá seu amigo, apresentar-lhe a questão e, de acordo com a decisão dele, retornar a P. ainda com o trem noturno. Minha dúvida quanto a isso ter dado certo foi contestada por sua garantia de que entre a chegada de um trem e a partida do outro ele teria tido uma meia hora livre. Mas, ao chegar a Viena, não encontrou o amigo na hospedaria em que esperava achá-lo, chegou apenas às onze da noite ao apartamento desse amigo e, ainda à noite, apresentou-lhe a questão. O amigo ficou pasmado com o fato de ele ainda ter dúvida de que se tratasse de uma ideia obsessiva, acalmou-o por essa noite, de modo que dormiu de modo excelente, e foi com ele na manhã seguinte ao correio para... despachar as 3,80 coroas ao endereço da agência postal à qual chegara o pacote com o pincenê.

 Essa última informação deu-me o ponto de apoio para desenredar as distorções de seu relato. Se ele, chamado à razão pelo amigo, não despachava a pequena soma ao primeiro-tenente A. nem ao primeiro-tenente B., e sim diretamente à agência postal, então ele tinha de saber, e sabê-lo já por ocasião de sua partida, que não

I. Extratos da história clínica

ficara devendo a taxa de reembolso *a ninguém outro senão o funcionário do correio*. Verificou-se de fato que já sabia disso antes de ser notificado pelo capitão e antes de fazer seu juramento, pois agora ele se recorda que, algumas horas *antes* de encontrar o capitão cruel, tivera ocasião de se apresentar a um outro capitão, que lhe comunicara o correto estado de coisas. Esse oficial lhe contou, ao ouvir seu nome, que estivera havia pouco na agência postal e que *a atendente do correio* lhe perguntara se conhecia um certo tenente H. (precisamente nosso paciente), para quem teria chegado um pacote com reembolso. Ele respondeu negativamente, mas a atendente disse confiar no tenente desconhecido e que, por ora, cobriria ela própria a taxa. Foi desse modo que nosso paciente tomou posse do pincenê que encomendara. O capitão cruel cometera um erro ao lembrar, quando repassou o pacote, que as 3,80 coroas deveriam ser devolvidas a A. Nosso paciente tinha de saber que era um erro. Apesar disso, baseou-se nesse erro para fazer o juramento que se transformaria para ele numa tortura. Nisso, ocultara a si mesmo e a mim, durante o relato, o episódio do outro capitão e a existência da confiante atendente do correio. Admito que após essa retificação seu comportamento se torna ainda mais absurdo e mais incompreensível do que antes.

Após ter deixado seu amigo e retornado à sua família, as dúvidas o acometeram outra vez. Os argumentos do amigo não teriam sido diferentes, afinal, dos seus próprios, e ele não se iludia quanto ao fato de o apaziguamento momentâneo dever-se apenas à influência pessoal do amigo. A decisão de procurar um médico foi entretecida no delírio da seguinte maneira habilidosa. Ele pediria a um médico para dar-lhe um atestado de que necessitava para seu restabelecimento de um ato como o que imaginara em relação ao primeiro-tenente A., e este por certo se deixaria levar pelo atestado a aceitar as 3,80 coroas. O acaso, que precisamente então colocou em suas mãos um livro meu, dirigiu sua escolha a mim. Porém, comigo não se podia cogitar esse atestado; muito compreensivamente, ele pedia apenas a libertação de suas ideias obsessivas. Muitos meses mais tarde, no auge da resistência, emergiu mais uma vez, não obstante, a tentação de viajar a P., procurar o primeiro-tenente A. e encenar com ele a comédia da devolução do dinheiro.

D. A introdução à compreensão do tratamento

Que não se espere ouvir tão cedo o que tenho a apresentar para o esclarecimento dessas ideias obsessivas singularmente absurdas (a respeito dos ratos); a correta técnica psicanalítica ordena ao médico reprimir sua curiosidade e deixa ao paciente o livre dispor sobre a sequência dos temas no trabalho. Assim, recebi o paciente na quarta sessão com esta pergunta:

– Como, pois, o senhor continuará?

– Decidi comunicar-lhe o que considero muito importante e que me atormenta desde o começo.

Então ele conta, bastante prolixamente, a história clínica de seu pai, que faleceu de enfisema há nove anos. Certa noite, acreditando tratar-se de uma situação de crise,

I. Extratos da história clínica

perguntou ao médico quando se poderia considerar o perigo afastado. A resposta foi: depois de amanhã, à noite. Não lhe veio à mente que o pai poderia não sobreviver a esse prazo. Deitou-se na cama às onze e meia da noite por uma hora e, quando acordou, à uma hora, ouviu de um amigo médico que o pai falecera. Recriminou-se por não ter estado presente durante a morte, recriminação que se reforçou quando a enfermeira lhe comunicou que nos últimos dias o pai dissera certa vez seu nome, dirigindo-lhe, quando ela se aproximou, esta pergunta: "É Paul?". Ele acreditou ter percebido que a mãe e as irmãs queriam fazer-se recriminações parecidas; mas elas não falavam a respeito. Porém, de início a recriminação não era torturante; por longo tempo ele não reconheceu o fato de sua morte; acontecia-lhe repetidamente que dissesse a si mesmo quando tinha ouvido uma boa piada: "Tenho de contá-la ao pai". Sua fantasia também brincava com o pai, de modo que com frequência, quando batiam na porta, pensava: "Agora vem o pai"; quando entrava num aposento, esperava ali encontrar o pai, e embora jamais se esquecesse do fato de sua morte, a expectativa de tal aparição nada tinha de assustadora, mas lhe era algo extremamente desejável. A lembrança de sua negligência despertou apenas um ano e meio depois e começou a atormentá-lo medonhamente, de modo que tratava a si mesmo como criminoso. O ensejo para tanto foi a morte de uma tia, que entrara na família por casamento, e a visita à casa enlutada. A partir de então, acrescentou a seu edifício de pensamentos a continuação no além.

Uma grave incapacidade de trabalhar foi a consequência imediata desse ataque.[11] Visto que ele narra que apenas as consolações de seu amigo o mantiveram aprumado, amigo que sempre rejeitara essas recriminações como gravemente exageradas, sirvo-me dessa ocasião para proporcionar-lhe uma primeira olhada nos pressupostos da terapia psicanalítica. Quando o conteúdo ideativo e o afeto, ou seja, o grau de recriminação e o motivo dela, não se casam bem, o leigo diria que o afeto é grande demais para o motivo, ou seja, que é exagerado, que a conclusão de ser um criminoso, extraída da recriminação, é portanto falsa. O médico, ao contrário, diz: "Não, o afeto está justificado, não cabe criticar mais a consciência de culpa, mas ela corresponde a outro conteúdo, que não é conhecido (que é *inconsciente*) e que precisa ser primeiro buscado. O conteúdo ideativo conhecido foi parar nesse lugar apenas devido a uma ligação equivocada. No entanto, não estamos acostumados a perceber em nós afetos intensos sem conteúdo ideativo e, por isso, faltando o conteúdo, adotamos como substituto um outro, que de alguma maneira se adapte, mais ou menos como nossa polícia, que, quando não consegue apanhar o verdadeiro assassino, prende a pessoa errada em seu lugar. O fato da ligação

---

11. Uma compreensão desse efeito se verifica mais tarde a partir da descrição mais exata do ensejo. O tio enviuvado exclamara em lamento: "Outros homens se permitem tudo o que é possível, e eu vivi só para essa mulher!". Nosso paciente supôs que o tio aludia a seu pai e que suspeitava da fidelidade conjugal deste, e embora o tio contestasse da forma mais decidida essa interpretação de suas palavras, o efeito delas não mais podia ser anulado.

I. Extratos da história clínica

equivocada também é o único que explica a impotência do trabalho lógico contra a ideia atormentadora". Concluo, então, com a admissão de que dessa nova concepção se derivam de início grandes enigmas, pois como ele poderia dar razão à recriminação de ser um criminoso em relação ao pai quando sabe que, na verdade, jamais cometeu algo delituoso contra ele?

Na sessão seguinte, então, ele mostra grande interesse por minhas exposições, porém permite-se apresentar algumas dúvidas: como exatamente a comunicação de que a recriminação, a consciência de culpa, tem razão poderia agir de modo curativo?, pergunta ele. – Não é essa comunicação que produz o efeito, e sim a descoberta do conteúdo desconhecido ao qual corresponde a recriminação. – Precisamente a isso refere-se sua pergunta, afirma. – Ilustro minhas breves indicações sobre as *diferenças psicológicas entre consciente e inconsciente*, sobre o desgaste ao qual está sujeito tudo o que é consciente, enquanto o inconsciente é relativamente imutável, mediante uma referência às antiguidades dispostas em minha sala. Estas seriam na verdade apenas achados tumulares, o sepultamento significara sua conservação. Pompeia está sucumbindo só agora, desde que foi descoberta. – Ele continua a perguntar e quer saber se haveria uma garantia sobre como uma pessoa se comportará em relação ao que for encontrado. Ele acha que uma pessoa poderá se comportar de maneira a superar a recriminação, mas outra pessoa não. – Respondo que não, que é da natureza das circunstâncias que o afeto na maioria das vezes seja sempre superado já durante o trabalho. Buscamos conservar Pompeia; quanto a tais ideias atormentadoras, queremos nos livrar delas a todo custo. – Ele dissera a si mesmo que uma recriminação só poderia surgir pela violação das leis morais pessoais mais próprias, não das exteriores. (Confirmo; quem viola apenas estas últimas sente-se com frequência um herói.) Tal processo só seria possível, portanto, numa *desagregação da personalidade*, dada desde o início. Será que ele recuperaria a unidade da personalidade? Nesse caso, ousaria fazer muitas coisas, talvez mais do que outros. – A isso, respondo que estou plenamente de acordo com essa cisão da personalidade, que ele poderia soldar essa nova oposição, entre a pessoa moral e o mal, com a anterior, a oposição entre consciente e inconsciente. A pessoa moral seria o consciente, e o mal seria inconsciente.[12] – Ele conseguia se recordar que, embora se considere uma pessoa moral, com toda a certeza fez coisas em sua *infância* que haviam se originado da outra pessoa. – Digo que, de passagem, ele descobriu uma característica capital do inconsciente, a relação com o *infantil*. O inconsciente é o infantil e, mais exatamente, aquela parte da pessoa que então se separou dela, que não tomou parte do desenvolvimento posterior e que, por isso, foi *recalcada*. Os derivados desse inconsciente recalcado seriam os elementos que conservam o pensar involuntário em que consiste seu sofrimento. Agora ele poderia descobrir mais uma característica do inconsciente;

---

12. É verdade que tudo isso está correto apenas no sentido mais grosseiro, mas, para fins de introdução, basta de início.

I. Extratos da história clínica

gostaria de deixá-la a cargo dele. – Ele não encontra mais nada de imediato; em compensação, expressa a dúvida sobre se modificações que persistem por tanto tempo poderiam ser anuladas. O que se poderia fazer, em especial, contra a ideia do além, que afinal não pode ser refutada logicamente? – Não contesto a gravidade de seu caso e a relevância de suas construções, mas a idade dele era muito favorável, e favorável é também o estado intacto de sua personalidade, um juízo de reconhecimento sobre ele que visivelmente o alegra.

Na sessão seguinte, ele começa dizendo que precisa contar algo factual de sua infância. Depois dos sete anos, como já relatado, ele tinha medo de que os pais adivinhassem seus pensamentos, medo que na verdade o acompanhou vida afora. Aos doze anos, ele amava uma mocinha, irmã de um amigo (à minha pergunta: não sensualmente; não queria vê-la nua, ela era muito pequena), mas que não era tão carinhosa com ele quanto ele desejava. E então lhe ocorreu a ideia de que seria afetuosa com ele se uma desgraça o atingisse; como uma desgraça dessas, impôs-se a ele a morte do pai. De imediato, rejeitou energicamente essa ideia, mesmo agora ele se defende contra a possibilidade de que um "desejo" possa ter se expressado dessa maneira. Foi apenas uma "ligação de pensamentos".[13] – Faço uma objeção: se não era um desejo, por que a oposição? – Bem, apenas por

---

13. Não é só o neurótico obsessivo que se dá por satisfeito com tais eufemismos.

causa do conteúdo da ideia de que o pai pudesse morrer. – Digo-lhe que ele trata essas palavras como se fossem de lesa-majestade, que, como se sabe, são punidas tanto se alguém disser "o imperador é um asno" quanto se disfarçar essas palavras malvistas dizendo "se alguém disser etc. terá de se haver comigo". Eu poderia facilmente colocar o conteúdo ideativo contra o qual ele tanto se opunha num contexto que excluísse essa oposição, por exemplo: "Se meu pai morrer, mato-me sobre seu túmulo". – Ele fica abalado, sem desistir de sua oposição, de modo que interrompo a disputa observando que a ideia da morte do pai não teria surgido pela primeira vez nesse caso; ela evidentemente provinha de época mais antiga e em dado momento teríamos de rastrear sua origem. – Ele prossegue o relato dizendo que um pensamento muito parecido lhe ocorrera uma segunda vez, como um raio, um meio ano antes da morte do pai. Ele já estava apaixonado por aquela mulher[14], mas, devido a obstáculos materiais, não pôde pensar em casamento. Daquela vez, a ideia fora esta: *graças à morte do pai, talvez fique tão rico que possa casar-se com ela*. Então, em sua defesa contra isso, ele foi tão longe a ponto de desejar que o pai não deixasse absolutamente nada, para que ganho algum compensasse essa horrível perda para ele. A mesma ideia, mas bastante atenuada, viera-lhe uma terceira vez à mente um dia antes da morte do pai. Pensou: "Agora posso perder o que me é mais caro", e, contra isso, veio a contestação: "Não, há outra

---

14. Dez anos antes.

I. Extratos da história clínica

pessoa cuja perda te seria ainda mais dolorosa".[15] Ele alega ter ficado muito surpreso com esses pensamentos, visto estar bastante certo de que a morte do pai jamais poderia ter sido objeto de seu desejo, mas sempre um temor. – Após essa fala pronunciada com plena força, julgo oportuno apresentar-lhe um novo fragmentozinho de teoria. A teoria sustenta que tal medo corresponde a um *desejo* passado, agora recalcado, de modo que se precisaria supor o oposto exato de sua asseveração. Isso também se harmoniza com a exigência de que o inconsciente seja o oposto contraditório do consciente. O paciente fica bastante agitado, muito incrédulo e se admira sobre como poderia ter sido possível nele esse desejo, visto que o pai fora-lhe a mais amada de todas as pessoas. Afirma não ter dúvidas de que teria renunciado a qualquer felicidade pessoal se, por meio disso, tivesse podido salvar a vida do pai. Respondo que precisamente esse amor intenso é a condição do ódio recalcado. No caso de pessoas indiferentes, ele por certo conseguiria facilmente manter lado a lado os motivos para uma simpatia moderada e para uma idêntica antipatia; por exemplo, se ele fosse um funcionário e achasse seu chefe de escritório um superior agradável, mas um jurista mesquinho e um juiz inumano. De modo parecido, Brutus diz sobre César em Shakespeare (*Júlio César*, ato III, cena 2): "Porque César me amou, choro por ele; porque foi feliz, me alegro; porque foi valente, o respeito, mas porque foi sedento de poder, o matei".

---
15. Aí está inquestionavelmente indicada uma oposição entre as duas pessoas amadas, o pai e a "mulher".

E essa fala já soa estranha, prossigo, porque tínhamos imaginado mais intensa a afeição de Brutus por César. No caso de uma pessoa que estivesse mais próxima dele, por exemplo sua mulher, ele se empenharia por um sentimento unitário e, por isso, como é universalmente humano, negligenciaria os defeitos dela que pudessem produzir sua antipatia, iria ignorá-los como se estivesse ofuscado. Ou seja, precisamente o grande amor não permite que o ódio (assim denominado de maneira caricatural), que por certo deve ter alguma fonte, permaneça consciente. É um problema, contudo, de onde provém esse ódio; as declarações dele apontavam para o momento em que temera que os pais adivinhavam seus pensamentos. Por outro lado, também se poderia perguntar por que o grande amor não pôde extinguir o ódio, como se está acostumado no caso de moções opostas. Apenas se poderia supor que o ódio, afinal, estivesse ligado a uma fonte, a um ensejo que o tornasse indestrutível. Ou seja, por um lado tal nexo protegeria o ódio ao pai do perecimento e, por outro lado, o grande amor o impediria de tornar-se consciente, de modo que só lhe restaria a existência no inconsciente, da qual, não obstante, conseguiria emergir feito um raio em momentos isolados.

Ele admite que isso tudo soa bastante plausível, mas naturalmente não mostra qualquer sinal de convicção.[16]

---

16. A intenção de tais discussões jamais é produzir convicção. Devem apenas introduzir na consciência os complexos recalcados, atiçar a disputa em torno deles no terreno da atividade psíquica consciente e facilitar a emergência de material (continua)

I. Extratos da história clínica

Ele gostaria de saber como é que uma ideia dessas pode fazer pausas, surgindo por um momento aos doze anos, outra vez aos vinte e de novo dois anos depois, para persistir desde então. Diz não conseguir acreditar que a hostilidade tenha se extinguido no meio-tempo e, no entanto, não houvera indício de recriminações durante as pausas. A isso, respondo: quando alguém faz uma pergunta dessas, já tem a resposta pronta. É só deixar que continue falando. Então, numa conexão aparentemente mais frouxa, ele prossegue dizendo ter sido o melhor amigo do pai, assim como este fora o seu; exceto por poucos âmbitos, em que pai e filho costumam evitar-se (a que estaria se referindo?), a intimidade entre eles teria sido maior do que é agora com o seu melhor amigo. É verdade que amara muito aquela mulher, por causa de quem preterira o pai em seus pensamentos, mas desejos propriamente sensuais, como os que preencheram sua infância, jamais tinham se manifestado em relação a ela; as moções sensuais dele teriam sido em geral muito mais fortes na infância do que na época da puberdade. – Então digo que agora ele tinha dado a resposta pela qual esperávamos e, ao mesmo tempo, tinha descoberto a terceira grande característica do inconsciente. A fonte da qual a hostilidade contra o pai obtém sua indestrutibilidade tem evidentemente a natureza dos *apetites*

(cont.) novo do inconsciente. A convicção só se produz após a elaboração, pelo doente, do material reconquistado, e, enquanto ela for hesitante, está-se autorizado a considerar que o material não se esgotou.

sensuais, em relação aos quais ele sentira o pai de alguma forma como *incômodo*. Semelhante conflito entre sensualidade e amor filial seria absolutamente típico. As pausas teriam ocorrido nele porque, em decorrência da explosão prematura de sua sensualidade, esta fora de início consideravelmente abafada. Somente quando ressurgiram nele desejos intensos e apaixonados é que essa hostilidade voltara a emergir da situação análoga. Aliás, peço-lhe que confirme que não o conduzi ao tema infantil, nem ao sexual, mas que ele chegou de forma independente a ambos. – Ele pergunta então por que, na época em que estava enamorado por aquela mulher, simplesmente não decidira lá consigo mesmo que o fato de o pai atrapalhar esse amor não poderia ser levado em conta quando comparado a seu amor pelo pai. – Respondo: dificilmente seria possível matar alguém *in absentia* [na ausência (da pessoa em questão)]. Para possibilitar aquela decisão, o desejo contra o qual protestava precisaria ter ocorrido pela primeira vez naquela época; tratava-se, porém, de um desejo *há muito recalcado*, contra o qual não podia se comportar senão como antes e que, por isso, foi poupado da aniquilação. O desejo (de eliminar o pai que atrapalhava) deve ter surgido em épocas em que as condições eram bem diferentes; talvez, naquele momento, não amasse o pai com mais intensidade do que a pessoa sensualmente cobiçada, ou não fosse capaz de tomar uma decisão clara, isto é, isso ocorreu em infância bastante remota, antes dos seis anos, antes de começar sua memória contínua, e ficara

I. Extratos da história clínica

assim para sempre. – Com essa construção, encerra-se provisoriamente a explanação.

Na sessão seguinte, a sétima, ele retoma o mesmo tema. Ele não podia acreditar que alguma vez tivera aquele desejo contra o pai. Recorda-se de uma novela[17] de Sudermann, que lhe causara uma profunda impressão, na qual uma mulher, junto ao leito de doente da irmã, percebe esse desejo de morte contra ela a fim de poder casar-se com seu marido. A mulher se suicida em seguida, pois acredita que após semelhante baixeza não merece viver. Ele diz compreender isso e parecer-lhe perfeitamente justo que ele sucumba por causa de seus pensamentos, pois acredita não merecer outra coisa.[18] Observo que bem sabemos que o sofrimento proporciona aos doentes uma certa satisfação, de modo que no fundo todos se opõem parcialmente a ficarem sãos. Que ele não perca de vista que um tratamento como o nosso ocorre sob *resistência constante*; digo-lhe que irei lembrá-lo disso vez após vez.

Agora ele quer falar de um ato criminoso no qual não se reconhece, mas do qual afirma recordar-se com toda a certeza. Ele cita um dito de Nietzsche: "*'Eu fiz isso'*,

---

17. *Der Wunsch* [O desejo], que faz parte do volume *Geschwister. Zwei Novellen* [Irmãos: duas novelas], de Hermann Sudermann (1857-1928). (N.T.)

18. Essa consciência de culpa contém a mais evidente contradição a seu *não* inicial de que jamais tivera aquele desejo malévolo contra o pai. Um tipo frequente de reação ao recalcado que se torna conhecido é que ao primeiro não de recusa logo se junte a confirmação, inicialmente indireta.

diz minha memória. 'Não posso ter feito isso' – diz meu orgulho, e se mantém inexorável. Por fim – a memória cede".[19]

– Bem, aí minha memória não cedeu.

– Justamente porque o senhor tira prazer de suas recriminações para fins de autopunição.

– Tive com meu irmão mais novo – agora sou realmente bom com ele; ele está me causando grande preocupação porque quer fazer um casamento que considero um absurdo; já tive a ideia de viajar até lá e matar a moça para que ele não possa se casar – muitas brigas quando criança. Ao mesmo tempo, gostávamos muito um do outro e éramos inseparáveis, mas eu era evidentemente dominado pelo ciúme, pois ele era o mais forte, o mais bonito e, por isso, o mais popular.

– O senhor já comunicou uma dessas cenas de ciúme envolvendo a srta. Lina.

– Bem, depois de uma ocasião dessas, certamente antes dos oito anos, pois eu ainda não frequentava a escola, na qual entrei aos oito, fiz o seguinte: tínhamos espingardas de brinquedo, construídas da forma que se conhece; carreguei a minha com a vareta, disse a meu irmão para olhar dentro do cano, onde veria uma coisa, e quando ele olhou, apertei o gatilho. Ele foi atingido na testa e nada lhe aconteceu, mas fora minha intenção feri-lo bastante. Então fiquei completamente fora de mim, joguei-me ao chão e me perguntei: "Como é que pude fazer isso?". Mas foi o que fiz.

---

19. *Além do bem e do mal*, cap. 4, aforismo 68.

I. Extratos da história clínica

Aproveito a ocasião para advogar em favor de minha causa. Se ele, digo-lhe, conservou semelhante ato na memória, tão alheio a ele, não poderá contestar a possibilidade de que em anos ainda mais remotos tenha se passado contra o pai algo parecido de que ele não lembra mais hoje. – Ele afirma lembrar-se de outros sentimentos vingativos contra aquela mulher que ele tanto venera e de cujo caráter dá uma descrição entusiasmada. Talvez ela não possa amar facilmente, poupando-se por inteiro para aquele a quem um dia irá pertencer; quanto a ele, ela não o ama. Quando teve certeza disso, formou-se nele uma fantasia consciente de que se tornaria muito rico, se casaria com uma outra e com ela faria então uma visita à primeira a fim de ofendê-la. Mas então a fantasia falhou, pois teve de confessar a si mesmo que a outra, a esposa, lhe era completamente indiferente, seus pensamentos se confundiram e no fim lhe ficou claro que essa outra teria de morrer. Nessa fantasia, tal como no atentado ao irmão, ele também encontra a característica da *covardia*, que lhe é tão execrável.[20] – Ao prosseguir a conversa com ele, afirmo que, logicamente, ele deve se considerar completamente isento de responsabilidade por todos esses traços de caráter, pois todos esses sentimentos reprováveis se originavam na vida infantil, correspondiam aos derivados do caráter infantil que continuavam vivos no inconsciente e, afinal, ele sabia que a responsabilidade ética não podia valer para a criança. Da soma das predisposições da criança, o homem eticamente responsável

---

20. O que mais adiante encontrará sua explicação.

surgiria apenas no decorrer do desenvolvimento.[21] Ele duvida, porém, que todos os seus sentimentos malévolos tenham essa origem. Prometo demonstrar-lhe esse ponto no decorrer do tratamento.

Ele ainda menciona que a doença se intensificou enormemente desde a morte do pai, e eu lhe dou razão na medida em que reconheço o luto pelo pai como a principal fonte da intensidade da doença. O luto encontrou na doença uma expressão patológica, por assim dizer. Enquanto um luto normal alcança seu termo em um ou dois anos, um luto patológico como o dele é ilimitado em sua duração.

Vai até este ponto o que posso relatar detalhada e sequencialmente desta história clínica. Isso coincide de modo aproximado com a exposição do tratamento, que levou onze meses.

E. Algumas ideias obsessivas e sua tradução

Como se sabe, as ideias obsessivas parecem ou imotivadas ou absurdas, exatamente como o teor de nossos sonhos noturnos, e a tarefa mais imediata que colocam é a de dar-lhes sentido e apoio na vida psíquica do indivíduo, de modo a se tornarem compreensíveis e inclusive, na verdade, evidentes. Nessa tarefa de tradução,

---

21. Apenas apresento esses argumentos a fim de obter mais uma vez a confirmação do quanto são impotentes. Não consigo compreender que outros psicoterapeutas relatem combater as neuroses com sucesso usando tais armas.

I. Extratos da história clínica

jamais nos deixemos desconcertar pela aparência de insolubilidade; as mais loucas ou as mais esdrúxulas ideias obsessivas podem ser resolvidas por meio do devido aprofundamento. Porém, chegamos a essa solução quando colocamos as ideias obsessivas numa ligação temporal com a vivência do paciente, ou seja, ao investigarmos quando cada ideia obsessiva surgiu pela primeira vez e sob que circunstâncias externas ela costuma se repetir. No caso de ideias obsessivas que, como é tão frequente, não alcançaram uma existência duradoura, também se simplifica proporcionalmente o trabalho de solução. Podemos nos persuadir com facilidade de que, após a descoberta do nexo entre a ideia obsessiva e a vivência do doente, tudo o mais que seja enigmático e digno de saber na formação patológica – seu significado, o mecanismo de seu surgimento e sua origem nas forças psíquicas impulsoras determinantes – tornar-se-á facilmente acessível à nossa compreensão.

Começo com um exemplo especialmente transparente do *ímpeto suicida*, tão frequente em nosso paciente, exemplo que na exposição quase se analisa por conta própria: ele perdeu algumas semanas de estudo devido à ausência de sua dama, que viajara a fim de cuidar da avó gravemente doente. Em meio ao mais aplicado estudo, ocorreu-lhe: "Pode-se admitir a ordem de pegar a primeira data possível de provas do semestre. Mas e se te dessem a ordem de cortar o pescoço com a navalha?". Ele logo percebeu que essa ordem já fora pronunciada, precipitou-se ao armário a fim de buscar a navalha, quando lhe ocorreu: "Não, isso não é tão simples. Tens[22] de viajar até lá e matar a velha". Então, de pavor, ele foi ao chão.

O nexo entre essa ideia obsessiva e a vida está contido aqui no começo do relato. Sua dama estava ausente, enquanto ele estudava com afinco para uma prova de modo a se casar com ela o mais cedo possível. Então, durante o estudo, sobreveio-lhe a saudade da mulher ausente e o pensamento sobre a razão de sua ausência. E, em seguida, veio algo que, numa pessoa normal, talvez tivesse sido um sentimento mal-humorado contra a avó: "A velha precisa ficar doente logo agora, quando anseio tão terrivelmente por *ela*!". Temos de supor algo parecido, mas muito mais intenso, em nosso paciente, um ataque de raiva inconsciente que, ao mesmo tempo que a saudade, poderia exprimir-se nesta exclamação: "Oh, gostaria de viajar até lá e matar a velha que me priva de minha amada!". A isso se segue a ordem: "Suicida-te como autopunição por tais apetites de raiva e assassinato", e o processo todo emerge sob intensíssimo afeto *em sequência inversa* na consciência do doente obsessivo – a ordem punitiva primeiro, no fim a menção do apetite passível de punição. Não creio que essa tentativa de explicação possa parecer forçada ou tenha acolhido muitos elementos hipotéticos.

Não foi tão fácil esclarecer um outro ímpeto, que perdurou mais tempo, de cometer um suicídio indireto, por assim dizer, pois ele conseguiu ocultar sua relação com a vivência por trás de uma das associações externas que, à nossa consciência, parecem tão escandalosas.

---

22. Complemento aqui: "antes".

I. Extratos da história clínica

Certo dia, ocorreu-lhe subitamente durante o veraneio a ideia de que estava gordo [*dick*] demais, de que tinha de *emagrecer*. Começou então a levantar-se da mesa ainda antes da sobremesa, a correr pela rua, sem chapéu, sob o sol escaldante de agosto e a subir montanhas a passo acelerado até precisar parar, coberto de suor. Por trás dessa mania de emagrecimento, a intenção suicida também emergiu certa vez sem disfarces, quando, numa encosta íngreme, ouviu subitamente a ordem de pular dali, o que teria sido morte certa. A solução desse absurdo agir obsessivo só foi possível a nosso paciente quando lhe ocorreu de súbito que naquele tempo a mulher amada também estivera nesse lugar de veraneio, mas na companhia de um primo inglês que muito se empenhava em obter a simpatia dela e de quem sentira muito ciúme. O primo se chamava Richard e, como é bastante usual na Inglaterra, era chamado de *Dick*. Ora, ele queria matar esse Dick, tinha muito mais ciúme e raiva dele do que era capaz de admitir, e, por isso, impôs a si mesmo com fins de autopunição a tortura daquele tratamento para emagrecer. Por mais diferente que pareça esse ímpeto obsessivo da anterior ordem direta de suicídio, há um traço significativo comum a ambos: a origem como reação a uma raiva imensa, inapreensível pela consciência, contra uma pessoa que surge como perturbadora do amor.[23]

---

23. O uso de nomes e de palavras para criar a ligação entre os pensamentos inconscientes (moções, fantasias) e os sintomas nem de longe ocorre na neurose obsessiva com tanta frequência e com tanta falta de consideração quanto na histeria. (continua)

Outras ideias obsessivas, mais uma vez orientadas para a amada, permitem no entanto reconhecer outro mecanismo e outra origem impulsional. Na época da presença de sua dama em seu lugar de veraneio, ele produziu, além daquela mania de emagrecer, toda uma série de atos obsessivos, que pelo menos em parte se referiam diretamente à pessoa dela. Ao viajar de barco com ela certa vez, enquanto soprava um vento cortante, teve de obrigá-la a colocar o boné dele, pois formara-se nele a ordem de que *nada podia acontecer a ela*.[24] Foi uma espécie de *obsessão protetora*, que também gerou outros frutos. Doutra vez, surgiu nele, enquanto estavam juntos num temporal, a compulsão de ter *contado* até quarenta ou cinquenta entre o relâmpago e o trovão, algo que absolutamente não compreendeu. No dia em que ela partiu, ele tropeçou numa pedra jogada na rua e *teve* de afastá-la para o lado, pois veio-lhe a ideia de que dentro de algumas horas a carruagem dela percorreria a mesma rua e talvez fosse danificada por essa pedra, mas, alguns minutos mais tarde, lhe ocorreu que isso era um absurdo, e ele *teve* de voltar e pôr a pedra outra vez em seu lugar anterior no meio da rua. Após a partida dela, apoderou-se dele uma *obsessão de compreender*, que o tornou insuportável a todos os seus.

(cont.) Porém, precisamente para o nome Richard tenho na memória um outro exemplo, relativo a um doente analisado há muito tempo. Após uma desavença com o irmão, ele começou a cismar sobre como poderia se livrar de sua riqueza, não queria mais ter nada a ver com dinheiro etc. Seu irmão se chamava Richard (*richard* em francês: um *ricaço*).

24. A ser complementado com: "de que ele pudesse ser culpado".

I. Extratos da história clínica

Ele se forçava a compreender com exatidão cada sílaba que alguém lhe dissesse, como se do contrário perdesse um grande tesouro. Assim, perguntava sempre: "O que foi que disseste?". E quando as pessoas lhe repetiam o que haviam dito, ele pensava que havia sido diferente da primeira vez e ficava insatisfeito.

Todos esses produtos da doença dependem de um acontecimento que nessa época dominava sua relação com a amada. Quando se despediu dela em Viena antes do verão, interpretou uma fala dela de tal modo como se ela quisesse desmenti-lo diante do grupo presente, o que o deixou muito infeliz. No lugar de veraneio houve ocasião de esclarecer isso, e assim a mulher pôde lhe demonstrar que com essas palavras que ele entendera mal queria antes preveni-lo do ridículo. Então, pelo contrário, ele ficou muito feliz. A obsessão de compreender contém a mais nítida alusão a esse acontecimento, pois é formada de tal modo como se ele tivesse dito a si mesmo: "Depois dessa experiência, não poderás nunca mais entender alguém mal se quiseres poupar-te de tormentos supérfluos". Porém, esse propósito não é apenas generalizado a partir de um único ensejo, ele também é – talvez por causa da ausência da amada – deslocado da pessoa dela, altamente estimada, a todas as outras, de menor valor. A obsessão tampouco pode ter se originado apenas da satisfação com o esclarecimento dela recebido; ela tem de expressar mais alguma outra coisa, pois, afinal, desemboca na dúvida, nada satisfatória, quanto à reprodução do que ouviu.

As outras ordens obsessivas nos colocam na pista desse outro elemento. A obsessão protetora não pode significar outra coisa senão a reação – remorso e penitência – a uma moção oposta, ou seja, hostil, que, antes da explicação, se dirigira contra a amada. A obsessão de contar por ocasião do temporal interpreta-se, pelo material fornecido, como uma medida defensiva contra temores que significavam risco de morte. Graças às análises das primeiras ideias obsessivas citadas, já estamos preparados para considerar as moções hostis de nosso paciente como particularmente impetuosas, do tipo da raiva sem sentido, e então descobrimos que essa raiva contra a dama oferece sua contribuição às formações obsessivas mesmo após a reconciliação. Na mania de duvidar se tinha ouvido bem, figura-se a dúvida persistente sobre se desta vez entendera corretamente a amada e se poderia compreender com razão suas palavras como prova da inclinação afetuosa da parte dela. A dúvida da obsessão de compreender é a dúvida em relação ao amor dela. Em nosso apaixonado, estrondeia uma luta entre o amor e o ódio referentes à mesma pessoa, e essa luta é figurada plasticamente na ação obsessiva, também relevante do ponto de vista simbólico, de remover a pedra do caminho que ela deve percorrer e, em seguida, anular esse ato de amor, recolocar a pedra onde estava, para que a carruagem dela se choque contra essa pedra e a amada se machuque. Não compreendemos corretamente essa segunda parte da ação obsessiva se a apreendemos apenas como afastamento crítico do agir doentio, algo pelo que ela própria gostaria de se passar. O fato de também ela se consumar sob a sensação da obsessão revela que ela própria é uma peça do agir doentio, no entanto condicionada pela oposição ao motivo da primeira peça.

Tais ações obsessivas de dois tempos, em que o primeiro é abolido pelo segundo, são uma ocorrência típica na neurose obsessiva. Elas naturalmente são mal compreendidas pelo pensamento consciente do doente e dotadas de uma motivação secundária – são *racionalizadas*.[25] Sua verdadeira relevância, porém, encontra-se na figuração do conflito entre duas moções opostas de intensidade aproximadamente igual; tanto quanto pude descobrir até agora, trata-se sempre da oposição entre amor e ódio. Tais moções opostas requerem um especial interesse teórico, pois permitem reconhecer um novo tipo de formação de sintoma. Em vez de, como ocorre regularmente na histeria, chegar-se a um compromisso que satisfaça os dois opostos numa só figuração, matando dois coelhos de uma só cajadada[26], neste caso os dois opostos são satisfeitos individualmente, primeiro um e depois o outro, não sem que se tivesse feito a tentativa, naturalmente, de estabelecer entre ambos, mutuamente

---

25. Ver Ernest Jones, 1908.
26. Ver "As fantasias histéricas e sua relação com a bissexualidade", 1908 *a*.

hostis, uma espécie de ligação lógica – muitas vezes, violando toda a lógica.[27]

O conflito entre amor e ódio manifestava-se em nosso paciente também por meio de outros indícios. Na época de sua renascente devoção, ele fazia orações que, pouco a pouco, passaram a exigir até uma hora e meia, pois ele – um Balaão às avessas[28] – sempre era atrapalhado nas fórmulas devotas por algo que as transformava em seu oposto. Se dissesse, por exemplo, "*Deus o proteja*", o mau espírito juntava rapidamente um "*não*".[29] Certa vez, ao orar, veio-lhe a ideia de lançar maldições; uma contradição certamente se insinuará aí, pensou; nessa ideia, abriu caminho a intenção original, recalcada pela oração. Nesse aperto, achou a saída de suspender

---

27. Outro doente obsessivo contou-me certa vez que no parque de Schönbrunn dera com o pé num galho caído no caminho e que jogou esse galho na cerca viva que o delimitava. A caminho de casa, sobreveio-lhe repentinamente a preocupação de que o galho, na nova posição, agora talvez um pouco saliente, poderia tornar-se o motivo de um acidente para alguém que, depois dele, passasse no mesmo lugar. Teve de saltar do bonde, correr de volta ao parque, procurar o local e recolocar o galho na posição anterior, embora fosse claro a qualquer outra pessoa, exceto ao doente, que a posição anterior seria mais perigosa a um passante do que a nova, na cerca viva. A segunda e hostil ação, que se impôs sob a forma de compulsão, enfeitara-se ao pensamento consciente com a motivação da primeira e benevolente ação.

28. Balaão fora incumbido de amaldiçoar o povo de Israel, mas apenas o abençoou. Ver Números 23-24. (N.T.)

29. Ver o mecanismo parecido das conhecidas ocorrências sacrílegas dos devotos.

I. Extratos da história clínica

as orações e substituí-las por uma fórmula breve, obtida pela mistura das iniciais ou das primeiras sílabas de diferentes orações. Pronunciava-a então com tanta rapidez que nada podia se intrometer.

Certa vez, ele me trouxe um sonho que continha a figuração do mesmo conflito, transferido ao médico: minha mãe morreu. Ele quer prestar condolências, mas receia que nisso produzirá o *riso impertinente* que já mostrara repetidas vezes em casos de morte. Por isso, prefere escrever um cartão com *p.c.*, mas, ao escrever, essas letras se transformam em *p.f.*[30]

O conflito de seus sentimentos em relação à sua dama era nítido demais para que pudesse esquivar-se inteiramente à sua percepção consciente, embora estejamos autorizados a concluir das manifestações obsessivas desse conflito que ele não dispunha da avaliação correta da profundidade de suas moções negativas. A dama respondera ao seu primeiro pedido de casamento, havia dez anos, com um não. Desde então, alternavam-se épocas em que acreditava amá-la intensamente e outras em que se sentia indiferente em relação a ela, mesmo em seu saber a respeito. Se no decorrer do tratamento ele devia dar um passo que o aproximasse da meta do pedido de casamento, sua resistência costumava se expressar inicialmente na convicção de que na verdade não a amava tanto,

---

30. [Abreviaturas usuais de *pour condoler* e *pour féliciter*. (N.E. = Nota dos editores da *Freud-Studienausgabe*)] Esse sonho esclarece o riso compulsivo em ocasiões fúnebres, tão frequente e considerado enigmático.

convicção que não obstante era logo derrotada. Quando certa vez ela estava de cama, gravemente doente, o que despertou a extrema compaixão dele, irrompeu nele, ao vê-la, este desejo: é assim que ela deve ficar, sempre deitada. Ele interpretou essa ideia súbita mediante o ardiloso mal-entendido de que só desejava a doença constante dela para livrar-se do temor de repetidos casos de doença, que não podia aguentar![31] Vez por outra, ocupava sua fantasia com devaneios que ele próprio reconhecia como "fantasias de vingança" e dos quais se envergonhava. Por achar que ela daria grande valor à posição social de um pretendente, fantasiava que ela tinha se casado com um desses homem que ocupam cargo público. Ele começa no mesmo cargo, consegue ir muito mais longe do que esse homem, que se torna seu subordinado. Certo dia, tal homem comete um ato ilícito. A dama cai aos pés de nosso paciente, implora-lhe para salvar o marido. Ele promete fazê-lo, revela-lhe que só assumira o cargo por amor a ela, pois previra um momento como esse. Agora, com a salvação do marido, sua missão estaria cumprida; ele renunciaria ao cargo.

Em outras fantasias, com o conteúdo de que lhe prestava um grande serviço etc. sem que ela ficasse sabendo que era ele que o prestava, ele reconhecia meramente a ternura, sem apreciar que, segundo sua origem e sua tendência, essa generosidade se destinava ao recalcamento

---

31. Não cabe rejeitar uma contribuição de um outro motivo a essa ocorrência obsessiva: o desejo de vê-la indefesa frente às intenções dele.

I. Extratos da história clínica

da sede de vingança conforme o modelo do conde de Monte Cristo, de Dumas. De resto, ele confessava que vez por outra se via com ímpetos bastante nítidos de fazer alguma coisa contra a mulher que venerava. Esses ímpetos se calavam na maioria das vezes na presença dela e ganhavam relevo na sua ausência.

F. O motivo da doença

Certo dia, nosso paciente mencionou fugazmente um acontecimento no qual logo tive de reconhecer o motivo da doença, ou, pelo menos, o motivo recente da irrupção patológica, ainda hoje persistente, ocorrida mais ou menos seis anos antes. Ele próprio não fazia ideia de que apresentara algo significativo; não conseguia se lembrar de ter atribuído algum valor ao acontecimento, que, aliás, jamais esquecera. Esse comportamento nos desafia a uma apreciação teórica.

Na histeria, é regra que os motivos recentes da doença sucumbam à amnésia da mesma forma que as vivências infantis com cujo auxílio eles convertem sua energia afetiva em sintomas. Quando um esquecimento completo for impossível, o motivo traumático recente é não obstante corroído pela amnésia e ao menos despojado de seus componentes mais significativos. Vemos em tal amnésia a prova do recalcamento ocorrido. É diferente, via de regra, na neurose obsessiva. Os pressupostos infantis da neurose podem ter sucumbido a uma amnésia, frequentemente apenas incompleta; em contrapartida, os motivos recentes do adoecimento acham-se conservados na memória. O recalcamento serviu-se neste caso de outro mecanismo, na verdade mais simples; em vez de esquecer o trauma, despojou-o do investimento afetivo, de modo a restar na consciência um conteúdo ideativo indiferente, julgado desimportante. A diferença está no processo psíquico que estamos autorizados a construir por trás dos fenômenos; o resultado do processo é quase o mesmo, pois o conteúdo mnêmico indiferente é reproduzido apenas raramente e não representa papel algum na atividade consciente de pensamento da pessoa. A fim de distinguir os dois tipos de recalcamento, podemos usar de início apenas a garantia do paciente de que tem a sensação de que sempre soube de uma coisa, mas esqueceu de outra há muito tempo.[32]

Por isso, não é nada raro que doentes obsessivos que padeçam de autorrecriminações e que ligaram seus afetos a motivos errôneos também comuniquem ao médico os motivos corretos, sem suspeitar que as recriminações apenas estão separadas destes últimos. Ocasionalmente,

---

32. Temos de admitir, portanto, que para a neurose obsessiva há dois tipos de saber e de conhecer, podendo com a mesma razão afirmar que o doente obsessivo "conhece" seus traumas e que não os "conhece". Pois ele os conhece na medida em que não os esqueceu e não os conhece por não reconhecer sua importância. Tampouco é diferente, muitas vezes, na vida normal. Os garçons que costumavam atender o filósofo Schopenhauer em seu restaurante habitual "conheciam-no" em certo sentido numa época em que era desconhecido em Frankfurt e fora dela, mas não no sentido que hoje associamos ao "conhecimento" de Schopenhauer.

I. Extratos da história clínica

com pasmo ou mesmo gabolice, dizem: "Mas eu nem me importo com isso". Também foi assim no primeiro caso de neurose obsessiva que, há muitos anos, me revelou a compreensão desse padecer. O paciente, um funcionário público que sofria de incontáveis escrúpulos, o mesmo de quem relatei a ação obsessiva com o galho no parque de Schönbrunn, me chamou a atenção porque me pagava pela consulta sempre com notas limpas e lisas. (Nessa época, ainda não tínhamos moedas de prata na Áustria.) Quando observei certa feita que logo se reconhece o funcionário público pelos florins novinhos em folha que ele saca no tesouro do Estado, ele me informou que os florins não eram de forma alguma novos, e sim passados a ferro (alisados) em sua casa. Afirmou ter escrúpulos em dar florins sujos na mão de alguém; grudavam-se neles perigosíssimas bactérias que poderiam prejudicar o recebedor. Nessa época, eu já começava a compreender, num pressentimento incerto, o nexo das neuroses com a vida sexual, e, assim, ousei perguntar noutra ocasião ao paciente como estavam as coisas nesse quesito.

– Oh, tudo em ordem – disse ele, sem pensar muito –, nada me falta. Em muitas e boas casas represento o papel de um velho e querido tio, aproveitando-o para, de tempos em tempos, convidar uma mocinha para uma excursão ao campo. Organizo então as coisas de tal modo que perdemos o trem e temos de pernoitar no campo. Então sempre pego dois quartos, sou bastante generoso; mas, quando a mocinha está na cama, vou até ela e a masturbo com meus dedos.

– E o senhor não receia causar-lhes dano ao meter sua mão suja nos genitais delas?

Mas aí ele estourou:

– Dano? Que dano lhes causaria? Ainda não fez mal a nenhuma delas, e todas concordaram. Algumas delas já estão casadas agora, e não lhes fez mal.

Ele levou minha objeção muito a mal e não voltou nunca mais. Só por um *deslocamento* do afeto recriminador consegui explicar o contraste entre seu escrúpulo no caso dos florins e sua falta de consideração no abuso das moças que lhe eram confiadas. A tendência desse deslocamento era bastante clara; se ele deixasse a recriminação onde era seu lugar, teria de renunciar a uma satisfação sexual à qual provavelmente era impelido por fortes determinantes infantis. Assim, graças ao deslocamento, obtinha um considerável *ganho com a doença*.

Mas agora preciso entrar de maneira mais pormenorizada no motivo da doença de nosso paciente. Na condição de parenta distante, a mãe dele fora criada numa família rica que explorava um grande empreendimento industrial. Com o matrimônio, o pai entrou ao mesmo tempo a serviço desse empreendimento, e assim, no fundo em decorrência de sua escolha matrimonial, ele chegou a um considerável bem-estar. Devido a gracejos entre os pais, que viviam um excelente casamento, o filho soube que o pai fizera a corte a uma moça bonita e pobre, oriunda de família modesta, algum tempo antes de conhecer a mãe. Essa é a pré-história. Após a morte do seu pai, a mãe comunicou certo dia ao filho que discutira com

I. Extratos da história clínica

seus parentes ricos sobre o futuro dele, e um dos primos expressara a disposição de dar-lhe uma das filhas quando ele terminasse os estudos; a ligação comercial com a firma também lhe abriria perspectivas brilhantes em sua carreira. Esse plano da família deflagrou nele o conflito entre continuar leal à sua amada pobre, ou seguir as pegadas do pai e tomar como esposa a bela, rica e nobre jovem que lhe fora destinada. E esse conflito, que na verdade era um conflito entre seu amor e a vontade do pai, que continuava exercendo seu efeito, ele o resolveu por meio do adoecimento, mais precisamente: pelo adoecimento, esquivou-se da tarefa de resolvê-lo na realidade.[33]

A prova em favor dessa concepção encontra-se no fato de que o principal resultado do adoecimento foi a obstinada incapacidade para o trabalho, que o fez adiar por anos o término de seus estudos. Porém, o resultado de uma doença é o que constitui sua intenção; a aparente consequência da doença é na realidade a causa, o motivo do adoecer.

Compreensivelmente, minha explicação não encontrou de início qualquer reconhecimento junto ao doente. Não conseguia imaginar tal efeito do plano de casamento, este não lhe causara naquela época nem a menor impressão. Porém, no transcurso posterior do tratamento, ele teve de se convencer, por um caminho peculiar, da correção de minha hipótese. Com a ajuda de

---

33. Cabe destacar que o refúgio na doença lhe fora possibilitado pela identificação com o pai. Esta lhe permitiu a regressão dos afetos aos restos infantis.

uma fantasia transferencial, ele vivenciou como algo novo e atual o que esquecera do passado, ou que se passara nele apenas de forma inconsciente. De um período obscuro e difícil do trabalho de tratamento, resultou por fim que ele elevara à categoria de minha filha uma jovem que encontrara certa vez nas escadarias de minha casa. Ela despertara seu agrado e ele imaginou que eu só era tão amável e inauditamente paciente com ele porque desejava que fosse meu genro, no que elevou a riqueza e a nobreza de minha casa até o nível que lhe servia de modelo. Mas, contra essa tentação, lutava nele o amor inextinguível por sua dama. Depois que tínhamos superado uma série das mais graves resistências e dos piores impropérios, ele não pôde se esquivar do efeito convincente da completa analogia entre a transferência fantasiada e a realidade de então. Reproduzo um de seus sonhos dessa época a fim de mostrar com um exemplo o estilo de sua figuração. *Ele vê minha filha diante de si, mas ela tem dois montes de imundície no lugar dos olhos.* A tradução será fácil a quem compreender a língua dos sonhos: *Ele não se casa com minha filha pelos belos olhos dela, e sim por seu dinheiro.*

G. O COMPLEXO PATERNO E A SOLUÇÃO DA IDEIA DOS RATOS

Do motivo da doença dos anos mais maduros, um fio conduzia de volta à infância de nosso paciente. Ele se viu numa situação como a que, conforme sabia ou supunha, seu pai enfrentara antes do próprio casamento, e se identificou com ele. O falecido pai ainda intervinha

I. Extratos da história clínica

de outra maneira no adoecimento recente. O conflito patológico era, na essência, uma disputa entre a vontade do pai, ainda efetiva, e sua própria inclinação apaixonada. Se considerarmos as comunicações que o paciente fez nas primeiras sessões do tratamento, não poderemos rejeitar a suposição de que essa disputa era antiquíssima e já sucedera nos anos de infância do doente.

Segundo todas as informações, o pai de nosso paciente foi um homem absolutamente excelente. Fora suboficial antes do casamento e conservara, como sedimento dessa parte de sua vida, um jeito franco e soldadesco, bem como uma predileção por expressões grosseiras. Além das virtudes que a lápide costuma celebrar em todo mundo, distinguia-o um humor cordial e uma indulgência bondosa em relação a seus próximos; certamente não se encontra em contradição com esse caráter, apresentando-se antes como um complemento seu, que ele pudesse ser brusco e irascível, de modo que as crianças, enquanto eram pequenas e difíceis, recebessem ocasionalmente castigos bastante dolorosos. Quando os filhos cresceram, ele se distinguia de outros pais pelo fato de não querer elevar-se à categoria de autoridade intocável, mas, com uma franqueza bondosa, dar-lhes a conhecer as pequenas faltas e desventuras de sua vida. O filho certamente não exagerava ao dizer que se tratavam como melhores amigos, exceto num único ponto (ver p. 71). Esse único ponto decerto era o aspecto relevante quando o pequeno se ocupava com intensidade incomum e indevida do pensamento da morte do pai (p. 49), quando tais pensamentos apareceram no teor de suas ideias obsessivas infantis e quando desejou que o pai morresse para que uma certa mocinha, enternecida pela compaixão, se tornasse mais carinhosa com ele (p. 67).

Não cabe dúvida de que no âmbito da sexualidade havia algo separando pai e filho, e que o pai entrara numa oposição categórica ao erotismo precocemente despertado do filho. Vários anos após a morte do pai, impôs-se ao filho, quando este pela primeira vez experimentou a sensação prazerosa de um coito, esta ideia: "Mas isso é grandioso; uma pessoa poderia matar o pai por isso!". Isso é, ao mesmo tempo, um eco e uma elucidação de suas ideias obsessivas infantis. Pouco antes de sua morte, aliás, o pai tomara posição frontalmente contrária à inclinação mais tarde dominante de nosso paciente. Ele notou que o filho buscava a companhia daquela dama e o desaconselhou de fazê-lo, dizendo que não era inteligente e que ele apenas faria um papel ridículo.

A esses pontos de apoio perfeitamente assegurados, soma-se outro quando nos voltamos à história da atividade sexual onanista de nosso paciente. Nesse campo, persiste uma antítese, ainda não valorizada, entre a perspectiva dos médicos e a dos doentes. Os últimos são unânimes em apresentar o onanismo, sob o qual compreendem a masturbação da puberdade, como a raiz e a fonte primordial de todos os seus sofrimentos; os médicos não sabem em geral o que pensar a respeito, mas, sob a impressão da experiência de que a maioria das pessoas mais tarde normais também se masturbou por algum tempo nos anos de puberdade, tendem em sua maioria a condenar as

I. Extratos da história clínica

indicações dos doentes como superestimações grosseiras. Acho que também nisso os doentes têm mais razão do que os médicos. Abre-se aos doentes uma compreensão correta nesse caso, ao passo que os médicos correm o risco de deixar passar algo essencial. Por certo não se trata, como os próprios doentes querem compreender sua tese, de responsabilizar o onanismo da puberdade, que cabe chamar de quase típico, por todas as perturbações neuróticas. A tese requer interpretação. O onanismo dos anos de puberdade não é na realidade outra coisa senão o reavivamento do onanismo dos anos de infância, até aqui sempre negligenciado, que na maioria das vezes atinge uma espécie de ápice na idade de três a quatro ou cinco anos, e essa é de fato a mais nítida expressão da constituição sexual da criança, na qual também nós buscamos a etiologia das neuroses posteriores. Sob tal disfarce, os doentes na verdade culpam, portanto, sua sexualidade infantil, e têm plena razão nisso. Em contrapartida, o problema do onanismo se torna insolúvel quando se pretende apreender o onanismo como uma unidade clínica e se esquece que ele representa a descarga dos mais diferentes componentes sexuais e das fantasias por eles alimentadas. A nocividade do onanismo é autônoma, condicionada por sua própria natureza, apenas em pequena proporção. No principal, ele coincide com a importância patogênica da vida sexual em geral. Se tantos indivíduos toleram sem danos o onanismo, isto é, uma certa proporção dessa atividade, esse fato não ensina outra coisa senão que neles a constituição sexual e o curso dos processos de desenvolvimento da vida sexual permitiram o desempenho da função sob as condições culturais[34], enquanto outros, em consequência de uma constituição sexual desfavorável ou um desenvolvimento prejudicado, adoecem devido à sexualidade, isto é, não conseguem cumprir sem inibições e formações substitutivas as exigências de repressão e sublimação dos componentes sexuais.

Nosso paciente era bastante chamativo em seu comportamento masturbatório; não desenvolveu o onanismo da puberdade e, assim sendo, teria tido, segundo certas expectativas, direito de permanecer isento de neuroses. Em contrapartida, a pressão à atividade onanista surgiu nele aos 21 anos, *pouco tempo após a morte do pai*. Ficava muito envergonhado depois de cada satisfação e logo renunciou a ela. A partir de então, o onanismo só reaparecia em ocasiões raras e bastante notáveis. Era suscitado por momentos especialmente belos que vivenciava, ou por trechos especialmente belos que lia. Assim, por exemplo, quando numa bela tarde de verão ouviu um postilhão tocar magnificamente sua corneta no centro da cidade até um guarda impedi-lo, pois era proibido tocar corneta dentro da cidade! Ou, noutra ocasião, quando leu em *Poesia e verdade*[35] como o jovem Goethe, em terna exaltação, se livrou do efeito da maldição que uma ciumenta lançara sobre aquela que lhe beijasse os lábios depois dela. Por muito tempo, como se fosse supersticioso, Goethe se conteve devido a essa maldição, mas então rompeu os grilhões e cobriu sua querida de beijos efusivos.

---

34. Ver *Três ensaios de teoria sexual*, 1905 *d*.
35. Livro III, capítulo 11. (N.E.)

I. Extratos da história clínica

Não era pequena sua admiração pelo fato de ser impelido à masturbação precisamente em tais ocasiões belas e exaltantes. Desses dois exemplos, porém, tive de destacar como elementos comuns a proibição e o fato de colocar-se acima de um mandamento.

Também entrava no mesmo contexto seu comportamento peculiar numa época em que estudava para uma prova e brincava com a fantasia, à qual se afeiçoara, de que o pai ainda vivia e poderia retornar a qualquer momento. Nessa época, arranjou as coisas de tal modo que seu estudo caísse nas horas mais tardias da noite. Entre meia-noite e uma hora ele parava, abria a porta que dava para o corredor do prédio, como se o pai estivesse diante dela, e então contemplava, depois de retornar, seu pênis desnudo no espelho do vestíbulo. Esse agir insano se torna compreensível sob o pressuposto de que se comportava como se esperasse a visita do pai na hora dos fantasmas. Quando este era vivo, o paciente tendera mais a ser um estudante preguiçoso, o que muitas vezes irritara o pai. Agora pretendia que o pai se alegrasse com ele, quando, sob a forma de fantasma, retornasse e o encontrasse estudando. No entanto, era impossível que o pai se alegrasse com a outra parte do seu proceder; com isso o filho o desafiava, portanto, e assim, numa ação obsessiva incompreendida, expressava lado a lado os dois aspectos de seu relacionamento com o pai, de modo parecido ao que fez em relação à sua querida dama na posterior ação obsessiva com a pedra na rua.

Apoiado nesses e em semelhantes indícios, ousei fazer a construção de que quando criança, na idade de seis anos, ele cometera algum malfeito sexual ligado ao onanismo e fora por isso dolorosamente castigado pelo pai. Essa punição teria de fato dado um fim ao onanismo, mas, por outro lado, deixado um rancor indelével contra o pai e fixado para sempre seu papel como perturbador do gozo sexual. (Ver as suposições parecidas numa das primeiras sessões, p. 71.) Para meu grande espanto, o paciente relatou que um acontecimento desses, de seus primeiros anos de infância, lhe fora relatado repetidas vezes pela mãe, não tendo evidentemente caído no esquecimento porque se ligavam a ele coisas bastante notáveis. Sua própria memória, contudo, nada sabia disso. Mas, eis o relato: dizia-se que quando ainda era bem pequeno – ainda foi possível obter a definição exata do momento graças à coincidência com a doença fatal de uma irmã mais velha – ele tinha aprontado algo sério, razão pela qual apanhara do pai. Então o fedelho teria se enfurecido terrivelmente e, ainda enquanto apanhava, xingado o pai. Mas, como ainda não conhecia xingamentos, dera-lhe todos os nomes de objetos que lhe ocorreram, e dito: "Sua lâmpada, sua toalha, seu prato" etc. Abalado com essa irrupção elementar, o pai parou de bater e disse: "Ou esse pequeno será um grande homem ou um grande criminoso!".[36] Ele acha que a impressão dessa cena teve efeito duradouro, tanto para ele como para o pai. Consta que este nunca mais o espancou; ele próprio, porém, derivava dessa vivência uma parte de sua mudança de

---

36. A alternativa estava incompleta. O pai não pensou no desfecho mais frequente de uma passionalidade tão precoce, a neurose.

I. Extratos da história clínica

caráter. Por medo da imensidade de sua própria raiva, teria a partir de então se tornado um covarde. Aliás, ao longo de toda a sua vida teve um medo terrível de pancadas, escondendo-se, de pavor e de indignação, quando um dos irmãos era espancado.

Uma nova inquirição junto à mãe trouxe, além da confirmação desse relato, a informação de que na época ele tinha entre três e quatro anos, e que merecera o castigo porque *mordera* alguém. A mãe não se recordava de maiores detalhes; achava, de forma bastante vaga, que a pessoa ferida pelo pequeno talvez tivesse sido a babá; um caráter sexual do delito não era mencionado na comunicação.[37]

---

[37]. Temos de lidar com frequência nas psicanálises com tais acontecimentos dos primeiros anos da infância, nos quais a atividade sexual infantil parece culminar e, com frequência, ter um fim catastrófico devido a um acidente ou a uma punição. Mostram-se vagamente em sonhos, muitas vezes se tornam tão nítidos que se acredita possuí-los de forma palpável, mas eles acabam por se esquivar ao esclarecimento definitivo e, caso não se proceda com especial cautela e com habilidade, precisa-se deixar em aberto se tal cena realmente ocorreu. Somos levados à pista correta da interpretação pelo conhecimento de que na fantasia inconsciente do paciente se pode rastrear mais de uma versão de tais cenas, com frequência muito diferentes. Se não quisermos nos enganar no julgamento da realidade, precisamos nos recordar sobretudo que as "recordações de infância" das pessoas são estabelecidas apenas numa idade posterior (na maioria da vezes, na época da puberdade) e, nisso, submetidas a um complexo processo de reelaboração, completamente análogo à formação das lendas de um povo a respeito de sua história primordial. Deixa-se reconhecer nitidamente que a pessoa em crescimento busca, nessas formações fantasísticas sobre sua primeira infância, (continua)

Enquanto remeto a discussão dessa cena de infância à nota de rodapé, menciono que seu surgimento foi a

(cont.) *apagar a memória de sua atividade autoerótica* ao elevar suas marcas mnêmicas ao nível do amor objetal, ou seja, ao pretender, como um verdadeiro historiógrafo, enxergar o passado à luz do presente. Daí a abundância de seduções e atentados nessas fantasias, quando a realidade se limita à atividade autoerótica e à incitação para tanto através de carinhos e punições. Além disso, percebe-se que a pessoa a fantasiar sobre a própria infância *sexualiza suas recordações*, isto é, relaciona vivências banais com sua atividade sexual, estende seu interesse sexual sobre elas, processo em que provavelmente segue os rastros do nexo realmente existente. Todo aquele que tiver na memória a "Análise da fobia de um menino de cinco anos", por mim comunicada, acreditará que não é a intenção destas observações rebaixar posteriormente a relevância da sexualidade infantil, por mim defendida, reduzindo-a ao interesse sexual da puberdade. Tenciono apenas dar indicações técnicas para a solução daquelas formações fantasísticas destinadas a falsificar a imagem daquela atividade sexual infantil.

Apenas raramente se está na feliz situação, como no caso de nosso paciente, de, graças ao testemunho inabalável de um adulto, constatar a base factual dessas ficções sobre a época primordial. De qualquer modo, a declaração da mãe deixa aberto o caminho para várias possibilidades. O fato de ela não proclamar a natureza sexual do delito pelo qual a criança foi punida pode se originar na sua própria censura, que, em todos os pais, se esforça por eliminar precisamente esse elemento do passado dos filhos. Porém, é igualmente possível que naquela época a criança tenha sido repreendida pela babá ou pela própria mãe devido a uma traquinagem banal de natureza não sexual e depois, por causa de sua reação violenta, sido castigada pelo pai. Em tais fantasias, a babá ou outra empregada é geralmente substituída (continua)

I. Extratos da história clínica

primeira coisa a abalar a recusa do paciente em acreditar numa raiva contra o amado pai adquirida em sua pré-história e que mais tarde se tornou latente. Eu só tinha

---

(cont.) pela pessoa mais nobre da mãe. Ao nos aprofundarmos na interpretação dos sonhos do paciente a este respeito, encontramos as mais nítidas alusões a uma ficção que caberia denominar épica, na qual apetites sexuais relativos à mãe e à irmã, e a morte prematura dessa irmã, eram relacionados com o referido castigo do pequeno herói pelo pai. Não foi possível desfiar fio a fio esse tecido de envoltórios fantasísticos; precisamente o sucesso terapêutico foi aqui o obstáculo. O paciente se restabelecera, e a vida exigiu dele que abordasse várias tarefas, de todo modo por muito tempo adiadas, que não eram compatíveis com a continuação do tratamento. Portanto, que ninguém me critique por essa lacuna na análise. Afinal, a investigação científica pela psicanálise é hoje apenas um resultado secundário do esforço terapêutico, e, por isso, o rendimento é com frequência o maior precisamente em casos cujo tratamento foi infeliz.

O conteúdo da vida sexual infantil consiste na atividade autoerótica dos componentes sexuais predominantes, em traços de amor objetal e na formação daquele complexo que se poderia chamar de *complexo nuclear das neuroses*, que abrange as primeiras moções, tanto ternas como hostis, em relação aos pais e irmãos depois que foi despertada a sede de saber do pequeno, na maioria das vezes pela chegada de um novo irmãozinho. A partir da uniformidade desse conteúdo e da constância das influências modificadoras posteriores, explica-se facilmente que em geral se formem sempre as mesmas fantasias sobre a infância, pouco importando se para tanto foram muitas ou poucas as contribuições oferecidas pelas vivências reais. Corresponde perfeitamente ao complexo nuclear infantil que o pai assuma o papel de rival sexual e de perturbador da atividade sexual autoerótica, e, na maioria das vezes, a realidade tem uma boa participação nisso.

esperado um efeito mais forte, pois esse acontecimento lhe fora contado com tanta frequência, também pelo próprio pai, que não cabia dúvida sobre sua realidade. Mas, com uma capacidade de torcer a lógica que, no caso dos doentes obsessivos muito inteligentes, sempre causa imenso estranhamento, ele declarava vez após vez, contra a força probatória da narrativa, que ele próprio não se recordava do fato. Assim, foi apenas pelo doloroso caminho da transferência que ele obteve a convicção de que seu relacionamento com o pai realmente exigia esse complemento inconsciente. Logo aconteceu que insultasse a mim e aos meus da maneira mais grosseira e mais obscena em sonhos, fantasias diurnas e ideias súbitas, ao passo que de forma intencional jamais demonstrou outra coisa por mim senão o maior respeito. Seu comportamento durante a comunicação desses insultos era o de um desesperado. "Como é que o senhor professor se deixa insultar dessa forma por um sujeitinho sórdido e vagabundo como eu? O senhor deveria me expulsar; não mereço coisa melhor." Durante essas falas, ele costumava erguer-se do divã e caminhar pelo aposento, o que de início ele justificava com tato; afirmava não conseguir dizer coisas tão medonhas enquanto estava confortavelmente deitado. Mas logo encontrou por conta própria a explicação mais plausível de que se afastava de mim por medo de ser espancado. Quando ficava sentado, comportava-se como alguém que, num medo desesperado, quer se proteger de castigos desmedidos; apoiava a cabeça nas mãos, cobria o rosto com os braços, saía correndo de súbito com as feições

I. Extratos da história clínica

dolorosamente contorcidas etc. Recordava-se de que o pai havia sido colérico e que, em sua veemência, às vezes não sabia mais até onde era permitido ir. Em tal escola do sofrimento, ele adquiriu pouco a pouco a convicção que lhe faltava e que seria óbvia para qualquer outro que não estivesse pessoalmente envolvido; mas então também estava livre o caminho para a solução da ideia sobre os ratos. Uma abundância de informações factuais até então retidas tornou-se então disponível, no ápice do tratamento, para o restabelecimento do contexto.

Conforme anunciado, abreviarei e resumirei ao máximo a exposição dele. O primeiro enigma, evidentemente, consistia em saber por que as duas falas do capitão tcheco – a narrativa sobre os ratos e a notificação para devolver o dinheiro ao primeiro-tenente A. – atuaram de forma tão perturbadora sobre ele e produziram reações patológicas tão violentas. Cabia supor que aí havia uma "sensibilidade de complexo"[38], que essas falas tinham tocado de maneira nada suave pontos hiperestésicos de seu inconsciente. E era isso; ele se achava, como sempre ocorre em circunstâncias militares, numa identificação inconsciente com o pai, que servira por vários anos e costumava contar muitas coisas de sua época de soldado. Ora, o acaso, que pode contribuir para a formação de sintomas tal como o som das palavras contribui para piadas, permitiu que uma das pequenas aventuras do pai tivesse um importante elemento em comum com a

---
38. Termo tomado dos experimentos com associações de palavras de C.G. Jung e sua escola (Jung, 1906). Ver também p. 110. (N.E.)

notificação do capitão. O pai perdera certa vez no jogo de cartas (*rato de jogatina*) uma pequena soma de dinheiro da qual deveria dispor como suboficial, e teria entrado em sérios apuros se um camarada não lhe tivesse emprestado esse valor. Depois que deixara o exército e se tornara abastado, procurou o solícito camarada para lhe devolver o dinheiro, mas não o encontrou mais. Nosso paciente não estava certo se alguma vez ele conseguiu fazer a devolução; a lembrança desse pecado de juventude do pai era-lhe desagradável, visto que afinal seu inconsciente estava repleto de objeções hostis ao caráter do pai. As palavras do capitão: "Tens de devolver ao primeiro-tenente A. as 3,80 coroas", soaram-lhe como uma alusão àquela dívida não quitada do pai.

No entanto, a informação de que a funcionária do correio de Z. pagara ela própria o reembolso, com algumas palavras lisonjeiras para ele[39], reforçou a identificação com o pai num outro campo. Ele acrescentou agora que, na pequena localidade em que também se encontrava a agência do correio, a bela filha do tabuleiro mostrara-se muito amável com o garboso e jovem oficial, de modo que ele pôde se propor a voltar para lá após o término da manobra, a fim de tentar suas chances com a moça. Bem, mas na pessoa da atendente do correio surgira-lhe

---

39. Não esqueçamos que soubera disso antes de o capitão lhe dirigir a (injustificada) notificação para devolver o dinheiro ao primeiro-tenente A. Esse é o ponto imprescindível à compreensão, devido a cuja repressão ele produziu para si a mais irremediável confusão e me impediu por algum tempo de alcançar o sentido do todo.

I. Extratos da história clínica

uma rival; como o pai em seu romance matrimonial, ele hesitou quanto a qual das duas voltaria sua afeição após sair do serviço militar. Percebemos de um só golpe que sua peculiar indecisão sobre se deveria viajar a Viena ou voltar ao lugar da agência do correio e suas constantes tentações de dar meia-volta durante a viagem (ver p. 59) não eram tão desprovidas de sentido quanto nos pareceram de início. A seu pensar consciente, a atração da localidade de Z., onde se encontrava a agência do correio, era motivada pela necessidade de lá cumprir seu juramento, com a ajuda do primeiro-tenente A. Na realidade, a atendente do correio, que morava nesse mesmo lugar, era o objeto de seu anseio, e o primeiro-tenente era apenas um bom sucedâneo para ela, pois morara no mesmo lugar e inclusive trabalhara no serviço postal do exército. Ao ouvir, então, que não fora o primeiro-tenente A., e sim um outro oficial, B., o responsável pelo correio naquele dia, ele também incluiu este em sua combinação e pôde repetir no delírio com os dois oficiais sua hesitação entre as duas moças que lhe eram simpáticas.[40]

No esclarecimento dos efeitos que provinham da narrativa do capitão a respeito dos ratos temos de nos ater mais estritamente ao curso da análise. De início, verificou-se uma abundância extraordinária de material

---

40. [*Acréscimo de 1923:*] Depois que o paciente fez de tudo para emaranhar o pequeno incidente do pagamento do reembolso do pincenê, talvez minha exposição também não tenha conseguido deixá-lo inteiramente transparente. Por isso, reproduzo aqui um pequeno mapa através do qual o sr. e a sra. Strachey pretenderam ilustrar a situação ao término do exercício militar. (continua)

associativo, sem que, provisoriamente, a situação da formação obsessiva se tornasse mais transparente. A ideia da punição executada com ratos estimulara alguns impulsos, despertara uma pletora de memórias e, por isso, os ratos adquiriram, no breve intervalo entre a narrativa do capitão e sua admoestação para devolver o dinheiro, uma série de significados simbólicos aos quais se juntaram no período subsequente cada vez mais significados

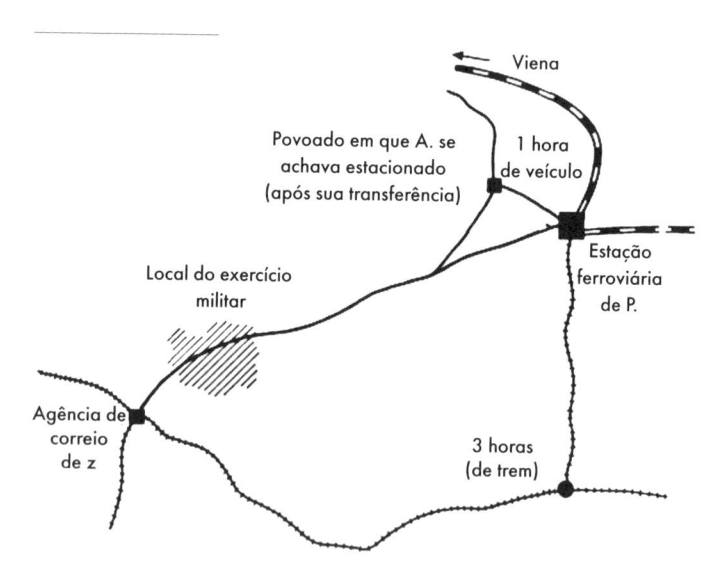

```
                                    ← Viena
        Povoado em que A. se      1 hora
        achava estacionado       de veículo
        (após sua transferência)
                                          Estação
    Local do exercício                    ferroviária
         militar                          de P.

 Agência de
  correio
   de z                    3 horas
                          (de trem)
```

(cont.) Meus tradutores observaram com razão que o comportamento do paciente ainda continua incompreensível enquanto não se mencionar de forma expressa que o primeiro-tenente A. morara anteriormente na localidade da agência de correio, Z., e lá administrara o correio militar, mas que nos últimos dias do exercício passara esse posto ao primeiro-tenente B. e fora transferido a A. O capitão "cruel" ainda nada sabia dessa mudança, daí seu engano ao dizer que o reembolso deveria ser pago ao primeiro-tenente A.

I. Extratos da história clínica

novos. Meu relato sobre tudo isso certamente só pode ser muito incompleto. A punição com os ratos mexeu sobretudo com o *erotismo anal*, que desempenhara um grande papel na infância do paciente e fora mantido pelo estímulo de vermes, continuado por anos a fio. Os ratos obtiveram assim o sentido de *dinheiro*[41], cujo nexo se revelou pela ocorrência *prestações* [*Raten*] a propósito de *ratos* [*Ratten*]. Em seus delírios obsessivos, instituíra literalmente uma moeda dos ratos; por exemplo, quando, à sua pergunta, lhe comuniquei o preço de uma sessão de tratamento, isso significou para ele o seguinte, o que eu soube um meio ano depois: "*Tantos florins, tantos ratos*". Aos poucos, todo o complexo dos interesses monetários, que se ligavam à herança do pai, foi convertido nessa língua, isto é, todas as ideias relacionadas ao tema foram introduzidas, passando por essa ponte verbal, *Raten-Ratten*, no âmbito da obsessão e submetidas ao inconsciente. Esse significado monetário dos ratos se apoiou, além disso, na admoestação do capitão para que devolvesse a soma do reembolso, o que ocorreu com a ajuda da ponte verbal *rato de jogatina*, a partir da qual se podia descobrir o acesso ao delito de jogo do pai.

No entanto, o rato também lhe era conhecido como portador de infecções perigosas e pôde por isso ser usado como símbolo para o medo, tão justificado no exército, de *infecção sifilítica*, por trás do qual se ocultava toda sorte de dúvida quanto ao modo de vida do pai durante seu período de serviço militar. Em outro sentido: o portador

---

41. Ver "Caráter e erotismo anal", 1908 *b*.

da infecção sifilítica era o próprio *pênis*, e, assim, o rato se transformou no órgão sexual, uso para o qual ainda pôde fazer valer um outro direito. O pênis, em especial o do menininho, pode ser facilmente descrito como *verme*, e, na narrativa do capitão, os ratos esgaravatavam o ânus como faziam na infância do paciente as grandes lombrigas. Assim, o significado peniano dos ratos apoiava-se outra vez no erotismo anal. Além disso, o rato é um bicho sujo, que se alimenta de excrementos e vive em canais que conduzem os dejetos.[42] É bastante supérfluo indicar de que expansão o delírio dos ratos se tornou capaz graças a esse novo significado. "Tantos ratos – tantos florins" podia, por exemplo, valer como uma caracterização certeira de uma profissão feminina que ele muito detestava. Em contrapartida, não é por certo indiferente que a substituição do rato pelo pênis na narrativa do capitão resultava numa situação de relação *per anum* [anal], que, em sua ligação com o pai e a amada, devia lhe parecer especialmente repulsiva. Visto que essa situação reapareceu na advertência obsessiva que se formou nele após a admoestação do capitão, isso lembrava inequivocamente certas maldições comuns entre os eslavos meridionais, cujo teor pode ser encontrado na revista *Anthropophyteia*[43], editada por F.S. Krauss. De resto, todo esse material e outras coisas mais se inseriam, com a

---

42. Quem, balançando a cabeça, quiser recusar esses saltos da fantasia neurótica, recorde-se dos caprichos semelhantes aos quais a fantasia dos artistas vez por outra se dedica; por exemplo, das *Diableries érotiques* [Diabruras eróticas], de Le Poitevin.
43. Vol. 2, 1905, p. 421 e segs. (N.E.)

I. Extratos da história clínica

ideia encobridora de "*casar-se*" [*heiraten*], na estrutura da discussão sobre os ratos.

O fato de a narrativa da punição por ratos agitar em nosso paciente todas as moções outrora reprimidas de crueldade egoísta e sexual é, no fim das contas, atestado por sua própria descrição e por sua mímica ao reproduzir a narrativa. No entanto, apesar de todo esse rico material, por muito tempo não recaiu luz alguma sobre o significado de sua ideia obsessiva, até que um dia surgiu a *senhorita dos ratos* de O pequeno Eyolf, de Ibsen, tornando imperiosa a conclusão de que em muitas configurações de seus delírios obsessivos os ratos também significavam *crianças*.[44] Ao investigar a origem desse novo significado, logo topamos com as raízes mais antigas e mais significativas. Numa visita ao túmulo do pai, ele vira certa vez um grande animal, que julgou ser um rato, deslizar junto à sepultura.[45] Supôs que saía do túmulo do pai e que acabara de fazer sua refeição no cadáver dele. É inseparável da ideia de rato que ele roa e morda com dentes afiados[46]; porém o rato não é mordedor, voraz e

---

44. A senhorita dos ratos ibseniana foi certamente derivada do lendário flautista de Hamelin, que primeiro atrai os ratos para a água e então, com os mesmos meios, alicia as crianças da cidade, que não retornam nunca mais. O pequeno Eyolf, sob o encanto da senhorita dos ratos, também se lança nas águas. O rato não aparece tanto nas lendas como um animal nojento, mas sinistro, ctônico, diríamos, e é usado para representar as almas dos mortos.
45. Uma das doninhas tão comuns no Cemitério Central de Viena.
46. "Mas para quebrar deste umbral o encanto, / De um dente de rato preciso / [...] Uma mordida mais, e feito está", diz Mefisto. [*Fausto I*, cena 3, versos 1512-1513 e 1524. (N.E.)]

sujo impunemente, mas é perseguido com crueldade e abatido sem piedade pelas pessoas, como ele vira muitas vezes com horror. Com frequência, sentira compaixão por tais pobres ratos. Ele próprio fora uma criatura nojenta, suja e pequena capaz de morder de raiva e que fora terrivelmente castigada por isso (ver p. 99). Ele pôde realmente encontrar no rato sua "imagem perfeitamente natural".[47] Na narrativa do capitão, o destino por assim dizer lhe gritara uma palavra estimuladora de complexo[48], e ele não deixou de reagir a ela com sua ideia obsessiva.

Segundo suas experiências mais precoces e mais carregadas de consequências, os ratos eram, portanto, crianças. E então ele trouxe uma informação que por bastante tempo havia afastado do contexto, mas que agora esclarecia plenamente o interesse que tinha por crianças. A mulher que venerara por tão longos anos e com quem, ainda assim, não conseguira se decidir a casar fora condenada a não ter filhos em decorrência de uma cirurgia ginecológica, a remoção de ambos os ovários; para ele, que gostava extraordinariamente de crianças, esse era inclusive o principal motivo de sua hesitação.

Só agora foi possível compreender o inapreensível processo que presidiu a formação de sua ideia obsessiva; com o auxílio das teorias sexuais infantis e do simbolismo que se conhece da interpretação dos sonhos, tudo pôde ser traduzido de uma maneira plena de sentido. Quando,

---

47. Na taberna de Auerbach. [*Fausto I*, versos 2156-2157: "Ele vê no inchado rato / Sua imagem perfeitamente natural". (N.E.)]
48. Ver nota 38. (N.E.)

I. Extratos da história clínica

durante o descanso da tarde em que o paciente perdeu o pincenê, o capitão contou a respeito da punição com ratos, ele ficou impressionado de início apenas com o caráter cruelmente lascivo da situação descrita. Porém, logo se estabeleceu a ligação com aquela cena infantil em que ele próprio mordera; o capitão, que defendera tais punições, foi colocado no lugar do pai e atraiu sobre si uma parte da exasperação recorrente que na época se insurgira contra o pai cruel. A ideia, que emergira fugazmente, de que algo assim poderia acontecer a uma pessoa que lhe fosse querida poderia ser traduzida pela seguinte moção de desejo: "Algo assim deveria ser feito contigo", dirigida contra o narrador, mas, por trás disso, já contra o pai. Quando, então, um dia e meio mais tarde[49], o capitão lhe repassa o pacote com reembolso que chegara e o admoesta a devolver as 3,80 coroas ao primeiro-tenente A., ele já sabe que o "superior cruel" se equivoca e que não tem dívidas com ninguém senão a funcionária do correio. É-lhe natural, portanto, elaborar uma resposta sarcástica como esta: "Com certeza, o que é que estás achando?", ou: "Sim, um caracol!", ou: "Uma panqueca[50] que vou lhe devolver o dinheiro!", respostas que não teria precisado

---

49. Não na noite que se seguiu, conforme o paciente relatou de início. É absolutamente impossível que o pincenê encomendado tivesse chegado ainda no mesmo dia. Ele abrevia esse intervalo na memória porque nele se estabelecem as decisivas ligações entre pensamentos e porque recalca o encontro, ocorrido nesse intervalo, com o oficial que lhe contou sobre o comportamento amável da atendente do correio.

50. Expressão vienense.

expressar. Porém, a partir do complexo paterno, atiçado nesse meio-tempo, e da lembrança daquela cena infantil, forma-se nele a seguinte resposta: "Sim, devolverei o dinheiro a A. quando meu pai e minha amada tiverem filhos!", ou: "Assim como meu pai e minha dama podem ter filhos, assim vou lhe devolver o dinheiro!". Ou seja, uma asseveração escarnecedora ligada a uma condição irrealizável e absurda.[51]

Mas então o crime fora cometido: as duas pessoas que lhe eram mais caras, o pai e a amada, haviam sido insultadas por ele; isso exigia castigo, e a punição consistiu na imposição de um juramento impossível de cumprir, que respeitava o teor da obediência à advertência injustificada do superior: *Agora tens realmente de devolver o dinheiro a A.*. Numa obediência obstinada, ele recalcou sua própria convicção de que o capitão baseava sua advertência num pressuposto equivocado: "Sim, tens de devolver o dinheiro a A., tal como exigiu o substituto do pai. O pai não comete enganos". A majestade tampouco comete enganos, e caso tenha se dirigido a um súdito com um título que não lhe é adequado, este passa a ostentar doravante esse título.

Sua consciência recebe apenas uma notícia indistinta desse processo, mas a rebeldia contra a ordem do capitão e a transformação em seu oposto também estão representadas na consciência. (Inicialmente: *não* devolver

---

51. Portanto, como no sonho, também na língua do pensamento obsessivo o absurdo significa escárnio. Ver *A interpretação dos sonhos*, 1900 *a*, capítulo VI, G.

I. Extratos da história clínica

o dinheiro, senão acontece isto... [a punição com ratos][52], e, em seguida, a transformação no juramento oposto como punição pela rebeldia.)

Recordemo-nos ainda da constelação em que recaiu a formação da grande ideia obsessiva. Devido à longa abstinência, bem como à simpatia amistosa com que o jovem oficial pode contar junto às mulheres, ele se tornara libidinoso e, além disso, começara o exercício militar num certo alheamento de sua dama. Esse aumento de libido o tornou propenso a retomar a antiquíssima luta contra a autoridade do pai, e ele se atreveu a pensar em satisfação sexual com outras mulheres. As dúvidas quanto à recordação que tinha do pai e as reservas quanto ao valor da amada tinham aumentado; em tal disposição de espírito, ele se deixou levar ao escárnio contra os dois e puniu-se em seguida por isso. Repetiu, assim, um velho modelo. Quando, então, após o fim do exercício, hesita por tanto tempo entre viajar a Viena ou ficar e cumprir o juramento, ele representa com isso num só os dois conflitos que desde sempre o tinham movido, a saber, se devia obedecer ao pai e se devia ser fiel à amada.[53]

Uma palavra ainda sobre a interpretação do conteúdo da sanção: "caso contrário, a punição com ratos

---

52. Colchetes do próprio Freud. (N.E.)
53. Talvez seja interessante destacar que a obediência ao pai volta a coincidir com o afastamento em relação à dama. Se ele fica e devolve o dinheiro a A., ele cumpriu sua penitência para com o pai e, ao mesmo tempo, deixou a dama pela atração de outro ímã. Nesse conflito, a vitória fica com a dama, porém contando com o apoio da reflexão normal.

será aplicada às duas pessoas". Ela se baseia na vigência de duas teorias sexuais infantis, sobre as quais dei notícia alhures.[54] A primeira dessas teorias declara que os bebês saem pelo ânus; a segunda junta a isso, coerentemente, a possibilidade de que os homens possam ter bebês tal como as mulheres. De acordo com as regras técnicas da interpretação dos sonhos, o sair do intestino pode ser representado por seu oposto, o introduzir-se no intestino (como na punição com ratos), e vice-versa.

Por certo não estamos autorizados a esperar soluções mais simples para ideias obsessivas tão difíceis ou soluções com outros meios. Com a solução que a nós se apresentou, o delírio dos ratos fora eliminado.

---

54. Ver "Sobre as teorias sexuais infantis", 1908 *c*.

II
A PROPÓSITO DA TEORIA

A. Algumas características gerais das formações obsessivas[1]

Minha definição das ideias obsessivas dada em 1896, segundo a qual seriam "recriminações transformadas, retornando do recalcamento, que sempre se referem a uma ação sexual, praticada com prazer, dos anos de infância"[2], parece-me hoje atacável no aspecto formal, embora seja composta a partir dos melhores elementos. Ela aspirava demais por unificação, e tomou por modelo o processo dos próprios doentes obsessivos, que, com a tendência à imprecisão que lhes é própria, misturam as mais diferentes formações psíquicas na categoria de "ideias obsessivas".[3] Na realidade, é mais correto falar de

---

1. Vários dos pontos tratados aqui e nas próximas seções já foram mencionados na literatura da neurose obsessiva, como se pode concluir da minuciosa obra capital sobre essa forma patológica, o livro de L. Löwenfeld, *Die psychischen Zwangserscheinungen* [As obsessões psíquicas], publicado em 1904.
2. "Observações adicionais sobre as neuropsicoses de defesa".
3. Essa deficiência da definição é corrigida no próprio artigo. Nele consta: "No entanto, as memórias reavivadas e as recriminações a partir delas formadas jamais entram inalteradas na consciência, mas o que se torna consciente como ideia obsessiva e afeto obsessivo, o que toma o lugar da memória patogênica para (continua)

"pensar obsessivo" e destacar que as produções obsessivas podem equivaler aos mais diferentes atos psíquicos. Deixam-se definir como desejos, tentações, ímpetos, reflexões, dúvidas, ordens e proibições. Em geral, os doentes se empenham em diminuir essa exatidão e tomar por ideia obsessiva o conteúdo despojado de seu índice afetivo. Um exemplo de tal tratamento dispensado a um desejo, que se pretendia que fosse rebaixado à categoria de mera "ligação de pensamentos", nos foi oferecido por nosso paciente numa das primeiras sessões (p. 67).

Logo também temos de confessar que, até agora, nem sequer a fenomenologia do pensar obsessivo pôde ser devidamente apreciada. Na luta defensiva secundária que o doente trava contra as "ideias obsessivas" que penetraram em sua consciência, produzem-se formações que são dignas de uma denominação especial. Pense-se, por exemplo, nas séries de pensamentos que ocupam nosso paciente durante seu regresso dos exercícios militares. As ponderações contrapostas aos pensamentos obsessivos não são puramente racionais, mas, por assim dizer, mestiças de dois modos de pensar; acolhem em si certos pressupostos da obsessão que combatem e se postam (com os meios da razão) no terreno do pensar doentio. Creio que tais formações merecem o nome de *delírios*. Um exemplo, que peço para ser incluído em seu devido lugar na história clínica, deixará clara a distinção. Quando nosso paciente,

---

(cont.) a vida consciente, são *formações de compromisso* entre as ideias recalcadas e as recalcadoras". Na definição, cabe portanto colocar um acento especial na palavra "transformadas".

II. A propósito da teoria

durante seus estudos, se entregara por algum tempo ao descrito agir insano que consistia em trabalhar até tarde da noite, depois abrir a porta para o fantasma do pai e em seguida contemplar os genitais no espelho (p. 97), ele buscou endireitar-se com a admoestação sobre o que o pai diria daquilo se realmente ainda estivesse vivo. Mas esse argumento não teve resultado algum enquanto foi apresentado dessa forma racional; a aparição do fantasma só cessou depois de ele colocar a mesma ideia na forma de uma ameaça delirante: se fizesse tal absurdo mais uma vez, aconteceria um mal ao pai no além.

O valor da distinção, certamente justificada, entre luta defensiva primária e secundária é limitado de maneira inesperada pelo conhecimento *de que os doentes não conhecem o teor de suas próprias ideias obsessivas*. Isso soa paradoxal, mas tem seu bom sentido. É que no curso de uma psicanálise não cresce apenas a coragem do doente, mas, por assim dizer, também a de sua doença; ela se atreve a manifestações mais nítidas. Para deixar a figuração por imagens, o que acontece é que o doente, que até então se afastara assustado da percepção de suas produções enfermiças, passa a lhes dar atenção e tomar conhecimento delas mais nítida e mais detalhadamente.[4]

Além disso, obtém-se um conhecimento mais definido das formações obsessivas por dois caminhos

---

4. Em muitos doentes, o afastamento da atenção vai tão longe que absolutamente não conseguem informar o conteúdo de uma ideia obsessiva, não conseguem descrever uma ação obsessiva que executaram vezes sem conta.

específicos. Em primeiro lugar, faz-se a experiência de que os sonhos podem trazer o verdadeiro texto de uma ordem obsessiva etc., que na vigília se conhece apenas de modo mutilado e distorcido, como num telegrama desfigurado. Esses textos aparecem no sonho como *falas*, contrariando a regra de que falas no sonho provêm de falas diurnas.[5] Em segundo lugar, no acompanhamento analítico de uma história clínica obtém-se a convicção de que, com frequência, várias ideias obsessivas em cadeia, mas não idênticas em seu teor, no fundo são uma só e a mesma. A ideia obsessiva foi rechaçada de modo feliz na primeira vez, retorna de novo sob forma distorcida, não é reconhecida e pode se impor melhor na luta defensiva, talvez precisamente em virtude de sua distorção. Porém, a forma original é a correta, a qual, muitas vezes, deixa reconhecer seu sentido de modo bastante franco. Quando esclarecemos trabalhosamente uma ideia obsessiva incompreensível, não é raro que ouçamos do doente que uma ocorrência, um desejo ou uma tentação como o que construímos realmente surgiu certa vez antes da ideia obsessiva, mas não se manteve. Infelizmente, os exemplos disso extraídos da história de nosso paciente seriam muito prolixos.

Assim, a oficialmente denominada "ideia obsessiva" traz em si, em sua distorção quanto ao teor original, as marcas da luta defensiva primária. Sua distorção a torna viável, pois o pensar consciente é forçado a entendê-la mal, da mesma forma que faz com o conteúdo onírico, que é ele mesmo um produto de compromisso e de

---

5. Ver *A interpretação dos sonhos*, 1900 *a*, capítulo VI, F.

II. A PROPÓSITO DA TEORIA

distorção e que continua a ser mal compreendido pelo pensamento de vigília.

O mal-entendido do pensamento consciente pode ser demonstrado não apenas nas próprias ideias obsessivas, mas também nos produtos da luta defensiva secundária, como, por exemplo, nas fórmulas de proteção. Posso trazer dois bons exemplos disso. Como fórmula defensiva, nosso paciente usava um *mas* [*aber*] rapidamente proferido, acompanhado por um movimento recusador da mão. Então, certa vez, contou que essa fórmula se modificara nos últimos tempos; afirmou não dizer mais *áber*, e sim *abér*. Questionado sobre o motivo dessa evolução, ele informou que o *e* mudo da segunda sílaba não lhe dava segurança quanto à temida intromissão de algo estranho e adverso, e, por isso, decidira acentuar o *e*. Essa explicação, dada inteiramente no estilo da neurose obsessiva, mostrou-se, não obstante, improcedente, podendo reivindicar no máximo o valor de uma racionalização; na realidade, o *abér* era uma aproximação a *Abwehr* [defesa], termo que ele conhecia das conversas teóricas sobre a psicanálise. Portanto, o tratamento fora usado de maneira abusiva e delirante para reforçar uma fórmula defensiva. Noutra ocasião, falou de sua principal palavra mágica, que, para fins de proteção contra todas as tentações, compusera a partir das iniciais de todas as orações de maior poder curativo e à qual acrescentara um *amém* [*Amen*]. Não posso citar essa palavra aqui, por razões que logo ficarão evidentes.[6] Pois, quando tomei

---

6. Conforme as notas originais de Freud, a palavra era *Glejisamen* (ou *Glejsamen*). O prenome da dama era Gisela. (N.E.)

conhecimento dela, tive de notar que era antes um anagrama do nome de sua venerada dama; esse nome continha um *s*, que ele colocara ao final e imediatamente antes do *amém* aposto. Ele tinha, portanto... estamos autorizados a dizê-lo: juntado seu esperma [*Samen*] com a amada, isto é, masturbara-se com a pessoa dela na imaginação. No entanto, ele próprio não percebera essa gritante conexão; a defesa se deixara ludibriar pelo recalcado. De resto, um bom exemplo da tese de que, com o tempo, aquilo que cabe rechaçar via de regra consegue entrar naquilo que é usado para rechaçá-lo.

Se se afirma que os pensamentos obsessivos experimentaram uma distorção semelhante à dos pensamentos oníricos antes de se transformarem no conteúdo do sonho, então a técnica dessa distorção deve nos interessar, e nada nos impediria de ilustrar os diferentes recursos dela numa série de ideias obsessivas traduzidas e compreendidas. Mas, nas condições desta publicação, também disso posso oferecer somente algumas amostras. Nem todas as ideias obsessivas de nosso paciente eram tão complicadamente construídas e tão difíceis de decifrar como a grande ideia envolvendo os ratos. Em outras, foi usada uma técnica muito simples, a da distorção por omissão – *elipse* –, que encontra um uso tão excelente no chiste, mas que aqui também cumpriu suas funções como meio de proteção contra a compreensão.

Uma de suas mais antigas e mais caras ideias obsessivas (que tinha o valor de uma admoestação ou advertência), por exemplo, rezava: "*Se casar-me com a*

II. A propósito da teoria

dama, acontecerá uma desgraça ao pai" (no além). Se introduzirmos os elos intermediários omitidos, conhecidos a partir da análise, o raciocínio será este: "Se o pai estivesse vivo, ficaria tão furioso com o meu propósito de casar-me com a dama quanto daquela vez durante a cena de infância, de modo que eu ficaria novamente enfurecido contra ele e lhe desejaria tudo de ruim, o que, por força da onipotência[7] de meus desejos, teria de acontecer com ele".

Ou então, um outro caso de resolução elíptica, igualmente de uma advertência ou uma proibição ascética. Ele tinha uma pequena e querida sobrinha, a quem muito amava. Certo dia, ocorreu-lhe esta ideia: "*Se te permitires um coito, acontecerá uma desgraça com Ella*" (morte). Inserindo o que foi omitido: "A cada coito, mesmo com uma estranha, tens afinal de pensar que a relação sexual em teu casamento nunca resultará num filho" (a esterilidade de sua amada). "Isso te deixará tão desolado que ficarás com inveja da pequena Ella e não aceitarás que tua irmã tenha uma filha. Essas moções invejosas deverão resultar na morte da criança."[8]

---

7. Sobre essa "onipotência", ver mais adiante.
8. Quero lembrar o uso da técnica da omissão no chiste por meio de alguns exemplos que tomo de um livro meu (*O chiste e sua relação com o inconsciente*, 1905 c.). "Em Viena vive um escritor espirituoso e combativo que, devido à mordacidade de suas invectivas, sofreu repetidos maus-tratos físicos por parte dos atacados. Quando se discutia certa vez um novo delito cometido por um de seus adversários habituais, um terceiro disse: '*Se o X. ouvir isso, tomará uma bofetada*'. [...] O contrassenso se desfaz quando se insere na lacuna: '*Então ele escreverá um artigo tão* (continua)

A técnica elíptica de distorção parece ser típica da neurose obsessiva; também a encontrei nos pensamentos obsessivos de outros pacientes. Especialmente transparente, e interessante devido a uma certa semelhança com a estrutura da ideia dos ratos, foi um caso de dúvida em uma senhora que padecia essencialmente de ações obsessivas. Ela foi passear com o marido em Nuremberg e lhe pediu que a acompanhasse a uma loja na qual comprou diversos objetos para a filha, entre eles um pente. O marido, para quem a escolha dos objetos demorava demais, disse que no caminho vira num antiquário algumas moedas que gostaria de adquirir; feita a compra, iria buscá-la na loja. Mas, segundo a avaliação dela, ele ficou fora tempo demais. Quando voltou e, à pergunta sobre onde estivera, ele respondeu: "Justamente naquele antiquário", ela foi acometida no mesmo momento pela dúvida torturante sobre se já não tivera desde sempre o pente que acabara de comprar para a filha. Naturalmente, ela não conseguiu descobrir o simples nexo. Só podemos declarar que essa dúvida está deslocada e construir o pensamento inconsciente completo da seguinte maneira: "Se é verdade que estiveste apenas no antiquário, se devo acreditar nisso, então posso igualmente acreditar que já tenho há anos esse pente recém-comprado". Ou seja, uma equiparação sarcástica e galhofeira, semelhante ao pensamento de nos-

(cont.) *mordaz contra a pessoa em questão que'* etc." – Esse chiste elíptico também mostra uma analogia de conteúdo com o primeiro exemplo acima. [O escritor mencionado é o satirista Karl Kraus. (N.E.)]

so paciente: "Sim, tão certo como ambos (o pai e a dama) terão filhos, assim devolverei o dinheiro a A.". No caso da senhora, a dúvida se ligava ao ciúme, inconsciente para ela, que a fez supor que o marido aproveitara o intervalo para uma visita galante.

Desta vez não tentarei fazer uma apreciação psicológica do pensar obsessivo. Ela traria resultados extraordinariamente valiosos e faria mais pela clarificação de nossas compreensões sobre a natureza do consciente e do inconsciente do que o estudo da histeria e dos fenômenos hipnóticos. Seria muito desejável que os filósofos e psicólogos que desenvolvem engenhosas doutrinas sobre o inconsciente só de ouvir falar ou a partir de suas definições convencionais fossem antes buscar as impressões decisivas nos fenômenos do pensar obsessivo; isso poderia ser quase exigido deles se não fosse tão mais trabalhoso que os métodos de trabalho que lhes são familiares. Apenas direi ainda aqui que na neurose obsessiva os processos psíquicos inconscientes irrompem vez por outra na consciência em sua forma mais pura e mais isenta de distorções, que essa irrupção pode provir dos mais diferentes estágios do processo de pensamento inconsciente e que no momento da irrupção as ideias obsessivas podem ser reconhecidas em sua maioria como formações existentes há muito tempo. Daí o chamativo fenômeno de que o doente obsessivo, quando com ele investigamos o primeiro surgimento de uma ideia obsessiva, precisa deslocá-la no curso da análise para momentos cada vez mais remotos, encontrar para ela primeiros ensejos sempre novos.

B. Algumas peculiaridades psíquicas dos doentes obsessivos – Sua relação com a realidade, a superstição e a morte

Tenho de tratar aqui de algumas características psíquicas dos doentes obsessivos que, em si mesmas, não parecem ter importância, mas que se encontram no caminho que conduz à compreensão de coisas mais importantes. Tais características eram muito claramente pronunciadas em meu paciente – sei, porém, que não cabe atribuí-las à sua individualidade, e sim ao seu padecer, e que são encontradas de maneira bastante típica em outros doentes obsessivos.

Nosso paciente era supersticioso em alto grau, e isso apesar de ser um homem extremamente cultivado, esclarecido, dotado de notável perspicácia e capaz de garantir, em certos momentos, que não considerava verdadeira nenhuma dessas velharias. Portanto, ele era supersticioso e, contudo, não o era, distinguindo-se claramente, não obstante, dos supersticiosos incultos, que se sentem unos com sua crença. Ele parecia compreender que sua superstição dependia de seu pensar obsessivo, embora, em certos momentos, se declarasse partidário pleno dela. Um comportamento tão contraditório e vacilante pode ser facilmente apreendido sob o ponto de vista de determinada tentativa de explicação. Não hesitei em supor que ele tinha duas convicções diferentes e opostas em relação a essas coisas, e não, talvez, uma opinião ainda inacabada. Ele oscilava, então, entre essas duas opiniões,

II. A propósito da teoria

na mais visível dependência de sua posição costumeira quanto ao padecer obsessivo. Assim que se tornava senhor de uma obsessão, ele ria de sua credulidade com uma compreensão superior, e nada lhe acontecia que pudesse abalá-lo, e, tão logo estivesse outra vez sob o domínio de uma obsessão irresolvida – ou, o que é equivalente: uma resistência –, vivenciava os mais estranhos acasos, que vinham em auxílio da convicção crédula.

De qualquer forma, sua superstição era a de um homem cultivado, e não considerava tolices como o medo da sexta-feira, do número treze etc. No entanto, ele acreditava em presságios, em sonhos proféticos, encontrava constantemente aquelas pessoas de quem de forma inexplicável acabara de se ocupar em pensamento e recebia cartas de correspondentes que, após as mais longas pausas, tinham subitamente vindo à sua memória. Ao mesmo tempo, era honesto o bastante – ou, antes, fiel à sua convicção oficial – a ponto de não esquecer os casos em que os mais intensos pressentimentos não levaram a nada; por exemplo, certa vez quando veraneava tivera o pressentimento seguro de que não retornaria mais com vida a Viena. Também admitiu que a imensa maioria dos presságios se referia a coisas que não tinham qualquer importância especial para sua pessoa e que, ao encontrar um conhecido em quem há muito não pensava, mas em quem pensara justamente poucos momentos antes, não se passava mais nada entre ele e esse indivíduo que avistara de forma milagrosa. Naturalmente, tampouco era capaz de contestar que todas as coisas significativas de sua vida tinham se passado sem presságios, como a morte do pai, por exemplo, que o surpreendera sem que suspeitasse de nada. Mas todos esses argumentos nada mudavam na discrepância entre suas convicções e apenas provavam o caráter obsessivo de sua superstição, que já podia ser inferido das oscilações desta, que tinham o mesmo sentido da resistência.

Naturalmente, não estive em condições de esclarecer de modo racional todas as suas histórias mais antigas de milagres, mas, quanto às coisas parecidas que aconteceram durante o período do tratamento, pude demonstrar-lhe que ele próprio sempre participava na fabricação dos milagres e indicar-lhe os meios de que se servia para tanto. Ele trabalhava com a visão e a leitura indiretas[9], com o esquecimento e, sobretudo, com ilusões mnêmicas. No fim, ele próprio me ajudou a desvendar as pequenas artes de prestidigitador mediante as quais esses milagres eram feitos. Uma interessante raiz infantil de sua crença na realização de pressentimentos e de predições foi a lembrança, que emergiu certa vez, de que sua mãe, quando era necessário marcar uma data, dizia com muita frequência: "No dia tal e tal não posso; precisarei repousar". E, realmente, sempre estava de cama no dia anunciado!

Era inquestionável que ele tinha uma necessidade de encontrar em suas vivências tais pontos de apoio para sua superstição e que, por isso, prestasse tanta atenção às conhecidas casualidades inexplicáveis do cotidiano e recorresse ao agir inconsciente quando estas não bastavam.

---

9. Isto é, pelo uso das partes periféricas da retina em vez da mácula. (N.E.)

II. A PROPÓSITO DA TEORIA

Encontrei essa necessidade em muitos outros doentes obsessivos, e suspeito que ocorra em muitos mais. Ela me parece perfeitamente explicável a partir do caráter psicológico da neurose obsessiva. Conforme já expus antes (p. 87), nesse distúrbio o recalcamento não ocorre por amnésia, e sim por ruptura de nexos causais em consequência da subtração de afetos. Uma certa força recordadora – que em outro lugar comparei a uma percepção endopsíquica[10] – parece restar nessas relações recalcadas, de modo que são introduzidas no mundo exterior pela via da projeção e ali dão testemunho do que foi omitido no âmbito psíquico.

Outra necessidade psíquica comum aos doentes obsessivos, que tem um certo parentesco com a recém--mencionada e cuja investigação entra fundo na pesquisa sobre os impulsos, é a necessidade de *incerteza* na vida, ou a necessidade de *dúvida*. A produção de incerteza é um dos métodos que a neurose emprega para tirar o doente da *realidade* e isolá-lo do mundo, o que, aliás, é a tendência de todas as perturbações psiconeuróticas. Mais uma vez, é extremamente claro quantas coisas os doentes fazem para se esquivar a uma certeza e poder persistir numa dúvida; em alguns, essa tendência até encontra uma viva expressão em sua ojeriza a... relógios, que, pelo menos, asseguram a hora, e em seus artifícios inconscientemente executados para tornar inócuos todos esses instrumentos que excluem a dúvida. Nosso paciente desenvolvera uma habilidade especial para evitar informações que teriam

---

10. *Sobre a psicopatologia da vida cotidiana*, 1901 *b*, cap. XII, seção C (*b*).

sido necessárias para uma decisão em seu conflito. Assim, não tinha clareza sobre as circunstâncias referentes à sua amada que eram as mais decisivas para o casamento, aparentemente não sabia dizer quem fizera a operação nela, nem se fora unilateral ou bilateral. Ele foi levado a se comprometer com a recordação do esquecido e a averiguação do negligenciado.

A predileção dos doentes obsessivos pela incerteza e pela dúvida torna-se para eles o motivo de ligarem seus pensamentos sobretudo àqueles temas em que a incerteza é universalmente humana, em que nosso saber ou nosso juízo tiveram de ficar necessariamente expostos à dúvida. Tais temas são, sobretudo: o fato de descender ou não do pai, a duração da vida, a vida após a morte e a memória, na qual costumamos acreditar sem possuir a menor garantia de sua confiabilidade.[11]

---

11. Lichtenberg: "Se a Lua é habitada, eis algo que o astrônomo sabe mais ou menos com a mesma certeza com que sabe quem foi seu pai, mas não com a certeza com que sabe quem foi sua mãe". – Houve um grande avanço cultural quando os seres humanos se decidiram a colocar o raciocínio ao lado do testemunho dos sentidos e passar do matriarcado ao patriarcado. – Figuras pré-históricas nas quais uma criatura menor está sentada sobre a cabeça de uma maior representam a descendência a partir do pai: Atena, que não teve mãe, surge da cabeça de Zeus. Em nossa língua, aquele que atesta alguma coisa no tribunal ainda é chamado de *Zeuge* ["testemunha", sendo que o verbo *zeugen* pode significar tanto "testemunhar" quanto "gerar"], de acordo com a participação masculina na tarefa da reprodução, e, já nos hieróglifos, "testemunha" é escrito com a imagem dos genitais masculinos.

II. A propósito da teoria

A neurose obsessiva serve-se à larga da incerteza da memória para a formação de sintomas; logo veremos que papel a duração da vida e o além representam em termos de conteúdo no pensar dos doentes. Antes, à maneira de oportuníssima passagem, ainda quero discutir aquele traço da superstição de nosso paciente cuja menção num trecho anterior (p. 121) por certo terá causado estranheza a muitos leitores.

Refiro-me à *onipotência*, por ele alegada, de seus pensamentos e sentimentos, de seus bons e maus desejos. Certamente não é pequena a tentação de declarar essa ideia como um delírio que ultrapassa o limite da neurose obsessiva; só que encontrei a mesma convicção em outro doente obsessivo que há muito se encontra restabelecido e que age normalmente, e, na verdade, todos os neuróticos obsessivos se comportam como se partilhassem dessa convicção. Será nossa tarefa esclarecer essa supervalorização. Suponhamos sem rodeios que nessa crença se admita honestamente uma parte do antigo delírio infantil de grandeza, e perguntemos ao nosso paciente no que apoia sua convicção. Ele responde evocando duas vivências. Quando chegou pela segunda vez àquela estação de águas na qual experimentara a primeira e única influência sobre seu sofrimento, ele pediu o mesmo quarto que, por sua localização, favorecera suas relações com uma das enfermeiras. Recebeu a resposta de que o quarto já fora dado, um velho professor já o ocupara, e reage a essa notícia, bastante desfavorável para suas perspectivas de tratamento, com estas palavras grosseiras: "Mas tomara que tenha um ataque!". Duas semanas depois, foi atrapalhado em seu sono pela ideia de um cadáver e, pela manhã, soube que o professor realmente sofrera um ataque e que fora levado a seu quarto mais ou menos à hora em que o paciente tinha despertado. A outra vivência dizia respeito a uma solteirona muito carente de amor que se comportara de maneira muito simpática para com ele e certa vez lhe perguntara diretamente se não a queria. Ele deu uma resposta evasiva; poucos dias depois, soube que ela tinha pulado da janela. Ele se recriminou e disse a si mesmo que teria estado em seu poder mantê-la viva se lhe tivesse dado seu amor. Dessa maneira, adquiriu a convicção da onipotência de seu amor e de seu ódio. Sem negar a onipotência do amor, queremos salientar que nos dois casos se trata de morte, e concordaremos com a explicação óbvia de que nosso paciente, como outros doentes obsessivos, é forçado a superestimar o efeito de seus sentimentos hostis no mundo exterior porque escapa a seu conhecimento consciente uma grande parte do efeito interior, psíquico, desses mesmos sentimentos. Seu amor – ou, antes, seu ódio – tem realmente imenso poder; eles criam justamente aqueles pensamentos obsessivos cuja origem ele não compreende e contra os quais se defende sem sucesso.[12]

---

12. [Acréscimo de 1923:] A onipotência dos pensamentos – mais exatamente, dos desejos – foi reconhecida desde então como uma parte essencial da vida psíquica primitiva. (Ver *Totem e tabu*, 1912-1913.)

II. A propósito da teoria

Nosso paciente tinha uma relação bem peculiar com o tema da morte. Interessava-se calorosamente por todos os falecimentos, participando dos funerais cheio de respeito aos mortos, de modo que os irmãos passaram a chamá-lo, por zombaria, de urubu; mas, também em sua fantasia, matava pessoas constantemente a fim de expressar efusivas condolências aos enlutados. A morte de uma irmã mais velha, quando ele tinha entre três e quatro anos, representava um grande papel em suas fantasias e fora relacionada da mais estreita maneira com os malfeitos infantis daqueles anos. Além disso, sabemos com que precocidade o ocupou o pensamento da morte do pai, e estamos autorizados a compreender inclusive seu adoecimento como reação a esse acontecimento desejado, em meio à obsessão, quinze anos antes. A estranha extensão de seus temores obsessivos ao "além" não é outra coisa senão uma compensação para esses desejos de morte dirigidos ao pai. Essa extensão começou quando o luto pelo falecido pai experimentou um reavivamento um ano e meio depois, e destinava-se, apesar da realidade e por amor ao desejo que antes experimentara toda sorte de fantasias, a anular a morte do pai. Aprendemos a traduzir o acréscimo "no além", em vários trechos (p. 117 e 120-121), com estas palavras: "se o pai ainda estivesse vivo".

Porém, outros doentes obsessivos a quem o destino não concedeu tão cedo um primeiro encontro com o fenômeno da morte não se comportam de modo muito diverso ao de nosso paciente. Seus pensamentos ocupam-se sem cessar com a duração da vida e a possibilidade da morte de outras pessoas; suas tendências supersticiosas não tinham de início outro conteúdo e talvez não tenham qualquer outra origem. Mas, sobretudo, eles precisam da possibilidade da morte para resolver os conflitos que deixaram sem solução. Sua característica essencial é a de serem incapazes de tomar decisões, sobretudo em questões amorosas; buscam adiar cada decisão e, na dúvida sobre qual pessoa escolher ou sobre qual providência tomar em relação a uma pessoa, tomam por modelo o antigo tribunal imperial alemão, cujos processos costumavam ser encerrados com a morte das partes em litígio antes do veredito. Assim, a cada conflito da vida eles esperam a morte de uma pessoa que lhes é importante, na maioria das vezes uma pessoa querida, seja ela um dos pais, seja um rival ou um dos objetos amorosos entre os quais vacila sua afeição. Porém, com essa apreciação do complexo de morte na neurose obsessiva já tocamos na vida impulsional dos doentes obsessivos, que agora deverá nos ocupar.

C. A vida impulsional e a derivação da obsessão e da dúvida

Se quisermos chegar a conhecer as forças psíquicas cujo jogo de antagonismos construiu essa neurose, temos de recorrer àquilo que soubemos de nosso paciente acerca dos ensejos de seu adoecimento em idade madura e na infância. Ele adoeceu na casa dos vinte anos, quando foi colocado diante da tentação de casar-se com outra jovem

II. A propósito da teoria

que não aquela a quem há muito amava, e esquivou-se à decisão desse conflito por meio do adiamento de todas as atividades exigidas para sua preparação, no que a neurose lhe forneceu os meios. A hesitação entre a amada e a outra deixa-se reduzir ao conflito entre a influência do pai e o amor à dama, ou seja, a uma escolha conflitante entre o pai e o objeto sexual, tal como já existira em tenra infância segundo as lembranças e as ideias obsessivas. Além disso, é evidente que ao longo de toda a sua vida existiu nele, tanto em relação à amada quanto em relação ao pai, uma disputa entre amor e ódio. Fantasias de vingança e manifestações obsessivas como a obsessão de compreender ou os manejos com a pedra na estrada dão testemunho dessa discórdia nele, que até certo grau podia ser entendida como normal, pois a amada, devido a uma primeira recusa e à frieza posterior, dera-lhe motivo para sentimentos hostis. Porém, a mesma discrepância de sentimentos dominava, como ficamos sabendo pela tradução de seus pensamentos obsessivos, sua relação com o pai, e também este deve ter lhe dado motivo para hostilidade na infância, segundo pudemos constatar quase com certeza. Sua relação com a amada, composta de ternura e de hostilidade, entrava em grande parte na sua percepção consciente. Quando muito, enganava-se quanto à medida e quanto à expressão do sentimento negativo; em contrapartida, a hostilidade contra o pai, outrora intensamente consciente, fora-lhe tirada há muito e só pôde ser trazida de volta à consciência contrariando a violenta resistência dele. No recalcamento do ódio infantil ao pai discernimos aquele processo que forçou todos os acontecimentos posteriores a entrarem no quadro da neurose.

Os conflitos de sentimentos enumerados um a um no caso de nosso paciente não são independentes entre si, mas soldados aos pares. O ódio à amada teve de somar-se à afeição pelo pai, e vice-versa. No entanto, as duas correntes conflitantes que restam após essa simplificação – a antítese entre o pai e a amada, e a oposição de amor e ódio em cada relação individual – nada têm a ver uma com a outra, tanto em termos de conteúdo como em termos genéticos. O primeiro dos dois conflitos corresponde à oscilação normal entre homem e mulher como objetos da escolha amorosa, oscilação que é inicialmente sugerida à criança na famosa questão: "De quem gostas mais, do papai ou da mamãe?", e que então a acompanha vida afora, apesar de todas as diferenças na formação das intensidades de sensibilidade e na fixação das metas sexuais definitivas. Só que normalmente essa oposição logo perde o caráter de contradição gritante, de implacável ou isto ou aquilo: arranja-se espaço para as exigências desiguais de ambas as partes, embora também no caso da pessoa normal o apreço por um dos sexos sempre seja realçado pela desvalorização do outro.

O outro conflito, entre amor e ódio, nos toca de modo mais estranho. Sabemos que o apaixonamento incipiente muitas vezes é percebido como ódio, que o amor cuja satisfação é negada se transforma facilmente, em parte, em ódio, e sabemos pelos poetas que em estágios

II. A propósito da teoria

tempestuosos do apaixonamento ambos os sentimentos opostos podem subsistir por algum tempo lado a lado, como que em competição. Porém, deixa-nos assombrados uma coexistência crônica de amor e ódio pela mesma pessoa, ambos sentimentos de altíssima intensidade. Teríamos esperado que o grande amor há muito tivesse superado o ódio, ou que por ele tivesse sido consumido. Tal persistência dos opostos é realmente possível apenas sob condições psicológicas especiais e pela cooperação do estado inconsciente. O amor não conseguiu apagar o ódio, mas apenas empurrá-lo para o inconsciente, e neste, a salvo de ser eliminado pela ação da consciência, ele pode se conservar e inclusive crescer. Nessas circunstâncias, o amor consciente costuma intensificar-se reativamente até atingir uma intensidade especialmente elevada, de modo que esteja à altura do trabalho, que lhe é constantemente imposto, de manter seu adversário no recalcamento. Uma separação dos dois opostos com recalcamento de uma das partes, habitualmente o ódio, sucedida bastante cedo, nos anos pré-históricos da infância, parece ser a condição para essa desconcertante constelação da vida amorosa.[13]

Quando se abarca certo número de análises de doentes obsessivos, obtém-se a impressão de que tal atitude de amor e ódio como a de nosso paciente está entre

---

13. Ver as discussões a respeito numa das primeiras sessões. – [*Acréscimo de 1923:*] Para essa constelação de sentimentos, Bleuler forjou mais tarde o adequado nome de "ambivalência". Ver, de resto, a continuação dessas discussões no artigo "A predisposição à neurose obsessiva", 1913 *i*.

as características mais frequentes, mais pronunciadas e, por isso, provavelmente mais relevantes da neurose obsessiva. Porém, por mais tentador que seja relacionar o problema da "escolha da neurose" com a vida impulsional, há razões suficientes para evitar essa tentação, e é preciso dizer que em todas as neuroses se descobrem os mesmos impulsos reprimidos como portadores dos sintomas. Afinal, o ódio retido pelo amor na repressão do inconsciente também desempenha um grande papel na patogênese da histeria e da paranoia. Conhecemos muito pouco a natureza do amor para tomar uma decisão segura neste ponto; em especial, é completamente obscura a relação de seu *fator negativo*[14] com o componente sádico da libido. Daí, tem mais ou menos o valor de uma informação provisória se dissermos: nos casos discutidos de ódio inconsciente, o componente sádico do amor se achava, no que respeita à sua constituição, desenvolvido de modo particularmente forte, e, por isso, experimentou uma repressão precoce e bastante radical, e assim, os fenômenos observados da neurose se derivam, por um lado, da ternura consciente impelida por reação às alturas e, por outro lado, do sadismo que continua a atuar no inconsciente sob a forma de ódio.

Porém, como quer que caiba compreender esse notável comportamento de amor e ódio, sua existência,

---

14. "Muitas vezes, chego a ter o desejo de não mais vê-lo entre os vivos. Porém, se isso alguma vez acontecesse, sei que eu seria ainda muito mais infeliz, tão indefeso, tão absolutamente indefeso estou frente a ele", diz Alcibíades acerca de Sócrates em *O banquete* (tradução alemã de R. Kassner).

II. A propósito da teoria

pela observação feita em nosso paciente, está acima de qualquer dúvida, e é animador ver como os enigmáticos processos da neurose obsessiva se tornam facilmente compreensíveis pela relação com esse único fator. Se a um amor intenso se contrapõe de forma definida um ódio quase igualmente forte, a consequência imediata será uma paralisia parcial da vontade, uma incapacidade de decisão em todas as ações para as quais o amor deve ser o motivo impulsionante. No entanto, a indecisão não se limita por muito tempo a um grupo de ações. Pois, em primeiro lugar, que ações de uma pessoa que ama não se relacionariam com o seu motivo principal? Em segundo lugar, cabe ao comportamento sexual um poder modelar com o qual ele atua de modo transformador sobre as reações restantes de uma pessoa, e, em terceiro lugar, é do caráter psicológico da neurose obsessiva fazer amplíssimo uso do mecanismo do *deslocamento*. Assim, a paralisia da decisão se expande pouco a pouco sobre a totalidade do agir da pessoa.

Isso configura o domínio da *obsessão* e da *dúvida*, tal como as encontramos na vida psíquica dos doentes obsessivos. A *dúvida* corresponde à percepção interior da indecisão que, em decorrência da inibição do amor pelo ódio, se apodera do doente a cada ação tencionada. Ela é, na verdade, uma dúvida quanto ao amor, que, afinal, deveria ser a coisa subjetivamente mais segura, uma dúvida que se difundiu a todo o resto e se deslocou de preferência às coisas ínfimas mais indiferentes.[15] Quem duvida de seu

---

15. Ver a figuração por algo ínfimo como técnica do chiste.

amor também pode, também precisa duvidar de tudo o mais, de todas as coisas menores, não é?[16]

A mesma dúvida que nas medidas de proteção leva à incerteza e à repetição contínua com a finalidade de banir essa incerteza por fim torna essas ações de proteção exatamente tão irrealizáveis quanto a decisão amorosa originalmente inibida. No início de minhas experiências, tive de supor uma outra e mais geral derivação para a incerteza nos doentes obsessivos, que parecia se aproximar mais da norma. Quando, por exemplo, fui atrapalhado por perguntas de outra pessoa enquanto escrevia uma carta, sinto depois uma incerteza justificada acerca do que posso ter escrito sob a influência da perturbação e sou forçado, por segurança, a ler a carta mais uma vez do começo ao fim depois de acabada. Assim, também pude supor que a incerteza dos doentes obsessivos – em suas orações, por exemplo – proviesse do fato de fantasias inconscientes se intrometerem sem cessar, como perturbadoras, na atividade de orar. Essa suposição estava correta e, contudo, pode ser conciliada facilmente com nossa afirmação anterior. É verdade que a incerteza quanto a ter executado uma medida de proteção provém das fantasias perturbadoras inconscientes, mas essas fantasias contêm o ímpeto oposto, que justamente deveria ser rechaçado

---

16. Eis os versos de amor de Hamlet a Ofélia: *Doubt thou the stars are fire; / Doubt that the sun doth move; / Doubt truth to be a liar; / But never doubt I love* [Duvida que o Sol seja a claridade, / Duvida que as estrelas sejam chama, / Suspeita da mentira na verdade, / Mas não duvida deste que te ama! – Trad. de Millôr Fernandes. L&PM Pocket, 4]. (Shakespeare, *Hamlet*, ato II, cena 2.)

II. A propósito da teoria

pela oração. Isso se torna, certa vez, extremamente nítido em nosso paciente, na medida em que a perturbação não permanece inconsciente, mas se deixa ouvir em alto e bom som. Quando ele quer orar "Deus a proteja", junta-se a isso, emergindo subitamente do inconsciente, um hostil "não", e ele descobriu que se tratava do início de uma maldição (p. 84). Se esse "não" ficasse mudo, o paciente se acharia em estado de incerteza e prolongaria sua oração cada vez mais; pelo fato de se fazer ouvir, ele por fim desistiu de orar. Antes disso, experimentou, como outros doentes obsessivos, toda sorte de métodos para impedir a intromissão do oposto, como a abreviação das orações e a pronúncia acelerada delas; outros se esforçam por "isolar" cuidadosamente das outras coisas cada uma dessas ações de proteção. Porém, todas essas técnicas não dão fruto a longo prazo; se o ímpeto amoroso, em seu deslocamento a uma ação insignificante, conseguiu realizar alguma coisa, o ímpeto hostil logo o seguirá e eliminará sua obra.

Uma vez que o doente obsessivo descobriu o ponto fraco da certeza em nossa vida psíquica, a inconfiabilidade da memória, ele pode, com sua ajuda, estender a dúvida a tudo, também a ações já executadas, que ainda não se relacionavam com o complexo de amor e ódio, e a todo o passado. Recordo o exemplo daquela mulher que acabara de comprar na loja um pente para sua filhinha e que, depois de suspeitar do marido, começou a ter dúvidas sobre se há muito já não o possuía; essa mulher não diz francamente: "Se posso duvidar do teu amor" (e isso é apenas uma projeção da sua dúvida sobre o próprio amor por ele), "também posso duvidar disso, posso duvidar de tudo", revelando assim à nossa compreensão o sentido oculto da dúvida neurótica?

Quanto à *obsessão*, é uma tentativa de compensar a dúvida e corrigir os insuportáveis estados inibitórios de que esta dá testemunho. Se, com a ajuda do deslocamento, finalmente foi possível chegar a uma decisão a respeito de algum propósito inibido, este *tem de* ser executado; por certo não é mais o propósito original, mas a energia aí represada não mais prescindirá da oportunidade de encontrar sua descarga na ação substitutiva. Tal energia se expressa, portanto, em ordens e proibições na medida em que ora o ímpeto terno, ora o hostil conquista esse caminho de descarga. Se a ordem obsessiva não pode ser executada, a tensão é insuportável e percebida como angústia extrema. Porém, o próprio caminho para a ação substitutiva deslocada a algo ínfimo é tão violentamente disputado que esta, na maioria das vezes, só pode ser levada a cabo como medida protetora em estreitíssima conexão com um ímpeto que cabe rechaçar.

Além disso, por uma espécie de *regressão*, atos preparatórios tomam o lugar da decisão definitiva, o pensar substitui o agir e um estágio qualquer de pensamento preliminar ao ato se impõe com força obsessiva em vez da ação substitutiva. Conforme essa regressão do agir ao pensar seja mais ou menos pronunciada, o caso de neurose obsessiva assume o caráter do pensar obsessivo (ideia obsessiva) ou do agir obsessivo em sentido estrito.

II. A propósito da teoria

Porém, essas ações obsessivas propriamente ditas só são possibilitadas pelo fato de ocorrer nelas uma espécie de conciliação, em formações de compromisso, dos dois ímpetos que lutam entre si. É que as ações obsessivas se aproximam cada vez mais, e isso é tão mais nítido quanto mais o padecimento se prolonga, das ações sexuais infantis do tipo do onanismo. E assim, nessa forma de neurose, acabou-se chegando a atos amorosos, mas apenas com a ajuda de uma nova regressão; não mais a atos que dizem respeito a uma pessoa, o objeto de amor e ódio, e sim a ações autoeróticas como na infância.

A primeira regressão, a do agir ao pensar, é favorecida por um outro fator que toma parte na origem da neurose. Um evento quase regular nas histórias dos doentes obsessivos é o aparecimento precoce e o recalcamento prematuro do impulso sexual de olhar e de saber, que também em nosso paciente, afinal, conduziu uma parte de sua atividade sexual infantil.[17]

Já mencionamos a importância dos componentes sádicos para a gênese da neurose obsessiva; quando o impulso de saber prevalece na constituição do doente obsessivo, o cismar se torna o sintoma principal da neurose. O próprio processo de pensamento é sexualizado, visto que o prazer sexual, que normalmente se refere ao conteúdo do pensamento, se volta ao próprio ato de pensamento, e a satisfação ao atingir um resultado intelectual é sentida como satisfação sexual. Essa relação do impulso de saber com os processos de pensamento torna-o

---

17. Provavelmente também se relacione com isso a aptidão intelectual bastante grande, em média, dos doentes obsessivos.

especialmente apto, nas diferentes formas da neurose obsessiva de que toma parte, a atrair ao pensamento, no qual se oferece a possibilidade de outro tipo de satisfação prazerosa, a energia que se esforça em vão por irromper na ação. Assim, com a ajuda do impulso de saber, a ação substitutiva pode continuar a ser substituída por atos preparatórios de pensamento. Porém, o adiamento no agir logo encontra seu substituto no deter-se no pensar, e o processo inteiro, com a conservação de todas as suas peculiaridades, é por fim transportado a uma nova região da mesma forma que os norte-americanos são capazes de "moven"[18] uma casa.

Agora, apoiando-me nas discussões precedentes, eu me atreveria a definir a característica psicológica longamente procurada que confere aos produtos da neurose obsessiva seu "feitio obsessor". Tornam-se obsessivos aqueles processos de pensamento que (em decorrência da inibição causada pelas oposições na extremidade motora dos sistemas do pensar) são empreendidos com um gasto de energia – tanto qualitativa como quantitativamente – de outro modo destinado apenas ao agir, ou seja, *os pensamentos que precisam representar atos regressivamente*. Por certo ninguém contradirá a suposição de que, por razões econômicas, o pensar seja normalmente executado com menores deslocamentos de energia (provavelmente num nível [de investimento][19] mais alto) do que o agir destinado à descarga e à modificação do mundo exterior.

---

18. Freud acrescenta a terminação típica dos verbos alemães ao verbo inglês *move*, "mover, mudar". (N.T.)
19. Inserção dos editores da Freud-Studienausgabe. (N.T.)

II. A propósito da teoria

O que irrompeu com força extrema na consciência como pensamento obsessivo precisa então ser assegurado contra os esforços desagregadores do pensar consciente. Já sabemos que essa proteção é obtida mediante a *distorção* experimentada pelo pensamento obsessivo antes de se tornar consciente. Mas esse não é o único meio. Além disso, raramente se deixa de afastar a ideia obsessiva individual da situação de seu surgimento, na qual, apesar da distorção, seria facilmente acessível ao entendimento. Com esse propósito, *introduz-se,* por um lado, um *intervalo* entre a situação patogênica e a ideia obsessiva subsequente, intervalo que desorienta as investigações causais do pensar consciente; por outro lado, o conteúdo da ideia obsessiva é separado de suas relações especiais por meio da *generalização.*

Um exemplo disso é dado por nosso paciente na "obsessão de compreender" (p. 80); um exemplo melhor talvez seja o de uma doente que se proibiu de usar qualquer enfeite, embora o motivo recuasse a uma única joia pela qual invejara a mãe e que esperava um dia receber de herança. Por fim, o texto vaga ou ambiguamente escolhido, caso se queira distingui-lo da distorção comum, também serve para proteger a ideia obsessiva contra o trabalho consciente de solução. Esse texto mal compreendido pode então entrar nos delírios, e os posteriores aperfeiçoamentos ou substituições da obsessão tomarão como ponto de partida o mal-entendido em vez do texto correto. No entanto, pode-se observar que esses delírios se empenham repetidamente em obter novas relações com o conteúdo e o texto da obsessão não acolhidos no pensar consciente.

Devido a uma única observação, ainda gostaria de retornar à vida impulsional da neurose obsessiva. Nosso paciente também mostrou ser um *farejador*, alguém que na infância, segundo afirmou, reconhecia cada pessoa pelo cheiro, como um cão, e a quem, ainda hoje, as percepções olfativas diziam mais do que as outras.[20] Também encontrei coisas parecidas em outros neuróticos, doentes obsessivos e histéricos, e aprendi a levar em conta o papel de um prazer olfativo, sucumbido desde a infância, na gênese das neuroses.[21] De um modo bem geral, gostaria de levantar a questão de saber se a atrofia do olfato, tornada inevitável com o afastamento do homem em relação ao solo, e o assim produzido recalcamento orgânico do prazer olfativo poderiam ter uma boa parte na propensão a adoecimentos neuróticos. Isso permitiria compreender o fato de o aumento da cultura exigir precisamente da vida sexual o sacrifício do recalcamento. Afinal, sabemos há muito do íntimo nexo que se estabeleceu na organização dos animais entre o impulso sexual e a função do órgão olfativo.

Para concluir este trabalho, quero manifestar a esperança de que minhas comunicações, incompletas em todos os sentidos, possam pelo menos dar a outros o estímulo para trazer mais coisas à luz mediante maior

---

20. Acrescento que em seus anos de infância predominaram fortes inclinações coprófilas. Some-se a isso o já sublinhado erotismo anal (p. 107).
21. Por exemplo, em certas formas de fetichismo.

II. A propósito da teoria

aprofundamento no estudo da neurose obsessiva. O elemento característico dessa neurose, o que a distingue da histeria, não deve ser buscado, a meu ver, na vida impulsional, e sim nas condições psicológicas. Não posso deixar meu paciente sem colocar em palavras a impressão de que ele se dissociara, por assim dizer, em três personalidades; eu diria: uma inconsciente e duas pré-conscientes, entre as quais sua consciência podia oscilar. Seu inconsciente abrangia as moções precocemente reprimidas, que cabe chamar de passionais e más; em seu estado normal, ele era bom, alegre, ponderado, inteligente e esclarecido, mas, numa terceira organização psíquica, aderia à superstição e à ascese, de modo que podia ter duas convicções e defender duas visões de mundo. Essa pessoa pré-consciente compreendia sobretudo as formações reativas a seus desejos recalcados, e era fácil de antever que, se a doença persistisse por mais tempo, ela teria consumido a pessoa normal. Tenho agora a oportunidade de estudar uma senhora que padece de graves ações obsessivas, que, de modo parecido, se dissociou numa personalidade tolerante e jovial, e numa gravemente ensombrecida e ascética; ostenta a primeira como o seu eu oficial, enquanto é dominada pela segunda. Ambas as organizações psíquicas têm acesso à sua consciência, e, por trás da pessoa ascética, pode ser encontrado o inconsciente de seu ser, que lhe é inteiramente desconhecido, composto de moções de desejo antiquíssimas, há muito recalcadas.[22]

22. [*Acréscimo de 1923:*] O paciente, a quem a análise comunicada restituiu a saúde psíquica, morreu na Grande Guerra, como tantos outros jovens estimáveis e promissores.

Bibliografia[1]

Bleuler, E. *Vortrag über Ambivalenz (Berne)* [Conferência sobre a ambivalência (Berna)]. Relato em *Zentbl. Psychoanal.*, vol. 1, p. 266, 1910. (p. 135)

Freud, S. "Weitere Bemerkungen über die Abwehr-Neuropsychosen" ["Observações adicionais sobre as neuropsicoses de defesa"]. *Gesammelte Werke*, vol. 1, p. 379, 1896 *b*. (p. 41, 115)

_____. *Die Traumdeutung*. GW, vol. 2-3; *Studienausgabe*, vol. 2, 1900 *a*. [*A interpretação dos sonhos*. Trad. Renato Zwick. Porto Alegre: L&PM, 2012.] (p. 112, 118)

_____. *Zur Psychopathologie des Alltagslebens*. GW, vol. 4, 1901 *b*. [*Sobre a psicopatologia da vida cotidiana*. Trad. Renato Zwick. Porto Alegre: L&PM, 2018.] (p. 46, 127)

_____. *Der Witz und seine Beziehung zum Unbewußten* [*O chiste e sua relação com o inconsciente*]. GW, vol. 6; SA, vol. 4, p. 9, 1905 *c*. (p. 121, 137)

_____. *Drei Abhandlungen zur Sexualtheorie* [*Três ensaios de teoria sexual*]. GW, vol. 5, p. 29; SA, vol. 5, p. 37, 1905 *d*. (p. 96)

---

1. Os números entre parênteses ao final de cada entrada indicam a(s) página(s) em que a obra é mencionada neste livro; no caso de Freud, seus textos aparecem ordenados cronologicamente. (N.T.)

_____ . "Hysterische Phantasien und ihre Beziehung zur Bisexualität" ["As fantasias histéricas e sua relação com a bissexualidade"]. *GW*, vol. 7, p. 191; *SA*, vol. 6, p. 187, 1908 *a*. (p. 83)

_____ . "Charakter und Analerotik" ["Caráter e erotismo anal"]. *GW*, vol. 7, p. 203; *SA*, vol. 7, p. 23, 1908 *b*. (p. 107)

_____ . "Über infantile Sexualtheorien" ["Sobre as teorias sexuais infantis"]. *GW*, vol. 7, p. 171; *SA*, vol. 5, p. 169, 1908 *c*. (p. 114)

_____. "Analyse der Phobie eines fünfjährigen Knaben" ("Der kleine Hans") ["Análise da fobia de um menino de cinco anos" ("O pequeno Hans")]. *GW*, vol. 7, p. 243; *SA*, vol. 8, p. 9, 1909 *b*. (p. 100)

_____. *Totem und Tabu*. *GW*, vol. 9; *SA*, vol. 9, p. 287, 1912-1913. [*Totem e tabu*. Trad. Renato Zwick. Porto Alegre: L&PM, 2013.] (p. 130)

_____. "Die Disposition zur Zwangsneurose" ["A predisposição à neurose obsessiva"]. *GW*, vol. 8, p. 442; *SA*, vol. 7, p. 105, 1913 *i*. (p. 135)

JONES, E. "Rationalization in Everyday Life" ["A racionalização na vida cotidiana"]. *J. abnorm. Psychol.*, vol. 3, p. 161, 1908; *Papers on Psycho-Analysis* [Artigos de psicanálise]. Apenas da 1ª à 3ª ed. Londres e Nova York, 1913 a 1923. (p. 83)

Jung, C.G. (Ed.) *Diagnostische Assoziationsstudien* [Estudos diagnósticos sobre associação]. Vol. 1. Leipzig, 1906. (p. 103)

Löwenfeld, L. *Die psychischen Zwangserscheinungen* [As obsessões psíquicas]. Wiesbaden, 1904. (p. 115)

Apêndice

1º de outubro de 1907[1]

Dr. Lorenz 29 ½ anos afirma padecer de ideias obsessivas, com força especial desde 1903, mas datando desde a infância. Conteúdo principal *temores de que algo aconteça a duas pessoas a quem muito ama*: o pai e uma mulher a quem venera. Além disso ímpetos obsessivos, por exemplo cortar a garganta com a navalha, proibições, que também se referem a coisas indiferentes. Diz ter perdido anos de seus estudos na luta contra suas ideias, por isso só agora seria estagiário de direito. Em sua atividade profissional os pensamentos apenas se fariam valer quando se trata de assuntos de direito penal. Diz também padecer do *ímpeto* de *fazer algo contra* a mulher por ele venerada, que na presença dela silenciaria na maioria das vezes e se salientaria em sua ausência. Mas o distanciamento dela, que mora em Viena, sempre lhe teria feito bem. Dos tratamentos que tentara nenhum o

---

1. O texto contém muitas abreviaturas, a maioria das quais só faz sentido em alemão (supressão da segunda letra dos dígrafos, omissão da vogal ou do *h* que indica o alongamento da sílaba etc.), de modo que optei pela grafia por extenso. O estilo telegráfico, no entanto – com as constantes omissões de vírgulas, artigos, conectivos e, mais raramente, inclusive de verbos –, foi preservado na medida do possível. As inserções entre colchetes são de três tipos: 1) ou provêm dos editores alemães e, nesse caso, ajudam a reconstruir sentenças fragmentadas e fornecem indicações de data, 2) ou são do próprio Freud e são identificadas pelos editores em nota de rodapé, ou 3) são minhas e indicam, por exemplo, termos em alemão de duplo sentido ou traduzem expressões de outros idiomas. (N.T.)

teria ajudado exceto uma hidroterapia em Munique, mas que lhe fizera tão bem *porque* lá tinha conhecido uma pessoa, o que levou a relações sexuais regulares. Aqui não teria tal oportunidade, manteria relações muito rara e irregularmente quando havia alguma ocasião para tanto. Diz ter nojo de prostitutas. Sua vida sexual teria sido pobre, onanismo apenas um papel muito pequeno aos dezesseis ou dezessete anos, potência normal. Primeiro coito aos 26 anos.

Ele passa a impressão de ter uma cabeça clara perspicaz. Depois que lhe falei das condições, disse que precisava falar com a mãe, retorna no dia seguinte e as aceita.

Primeira sessão [quarta-feira, 2 de outubro]
Depois que lhe comuniquei as duas condições principais do tratamento e deixei o início ao seu arbítrio:
Afirma ter um *amigo* a quem estima extraordinariamente, dr. Springer, à casa de quem sempre vai quando o atormenta um ímpeto criminoso e lhe pergunta se este o despreza como infrator. Ele o manteria aprumado ao assegurar-lhe que é um homem irrepreensível que provavelmente se habituou desde a infância a considerar a própria vida sob tais pontos de vista. Antes disso, outra pessoa exercera influência semelhante sobre ele, um certo sr. Loewy, estudante de medicina, que tinha uns dezenove anos quando ele próprio tinha catorze ou quinze, que gostava dele e do seu irmão e aumentara extraordinariamente sua autoconfiança, de maneira que parecia um gênio a si próprio. L. tornou-se mais tarde seu professor particular e mudou de comportamento ao degradá-lo à categoria de

imbecil. Quando certo dia saíram para passear com um colega de L., este levou o colega a contar-lhe patranhas médicas, e quando ele acreditou nelas ambos riram de sua estupidez. Percebeu mais tarde que L. se interessava por uma de suas irmãs e só se metera com os irmãos para ter acesso à casa. Foi o primeiro grande abalo de sua vida.

Ele prossegue abruptamente. Minha vida sexual começou bem cedo. Recordo-me de uma cena de meu quarto ou quinto ano (a partir dos seis anos, minha memória é completa) que emergiu claramente anos depois. Tínhamos uma governanta jovem e muito bonita, a srta. *Peter* [o nome me chama a atenção].[2] Ela estava deitada certa noite no sofá, usando roupas leves, e lia, eu estava deitado ao lado dela e lhe pedi permissão para me meter debaixo de suas saias. Ela deixou, desde que eu não dissesse nada a ninguém. Ela não vestia muita roupa e apalpei-a nos genitais e no ventre, que me pareceu "curioso". Desde então, fiquei com uma curiosidade ardente, torturante, de ver o corpo feminino. Lembro com que tensão eu aguardava no banheiro, lugar a que ainda tinha permissão de ir com a governanta e minhas irmãs, até que ela entrasse despida na água. Recordo de mais coisas a partir dos seis anos. Tínhamos então uma outra governanta, também jovem e bonita que tinha abscessos nas nádegas, os quais costumava espremer à noite. Eu aguardava pelo momento a fim de saciar minha curiosidade. Da mesma forma no banheiro, embora srta. Lina (ele também menciona o outro nome) fosse mais reservada do que a primeira. A

---

2. Colchetes de Freud. (Nota da edição alemã, doravante N.E.)

uma questão: eu não dormia regularmente no quarto dela; na maioria das vezes, no quarto de meus pais. Lembro de uma cena ocorrida quando eu devia ter sete anos (mais tarde ele admite a possibilidade de ela ter ocorrido num ano posterior). Estávamos sentados juntos, à noitinha, a governanta, a cozinheira Resi, uma outra moça, eu e meu irmão um ano e meio mais novo. Da conversa das moças, ouvi repentinamente a srta. Lina dizendo que com o pequeno já se pode fazê-lo, mas o Paul (ele) é muito desajeitado, ele vai falhar com certeza. Não entendi claramente do que se tratava, mas entendi a preterição e comecei a chorar. Lina me consolou e me contou então que uma moça que fizera algo assim com um menino sob seus cuidados ficara presa por vários meses. Não acredito que ela tenha me abusado sexualmente, mas tomei muitas liberdades com ela.[3] Quando ia à sua cama, tirava o cobertor e a tocava, o que ela consentia em silêncio. Ela não era muito inteligente e, pelo visto, era muito necessitada sexualmente. Tinha 23 anos de idade, já tivera um filho e poucas oportunidades de ver seu amado. Casou-se mais tarde com ele, de modo que agora é esposa de um alto funcionário público. Ainda a vejo com frequência.

Detenho-me na srta. Peter e quero saber seu prenome. Ele não sabe. Pergunto-lhe se não fica admirado por ter esquecido o prenome, que, afinal, designa tão exclusivamente uma jovem, e recordado o sobrenome. Ele não fica admirado com isso; mas, após sua introdução e o compromisso "Peter", reconheço-o como homossexual.

---

3. Anotado à margem: "(fantasia)". (N.T.)

Já aos seis anos eu sofria com ereções, e lembro que certa vez fui ter com minha mãe para me queixar disso. Lembro também que tive de superar escrúpulos nesse assunto, pois suspeitava do nexo com minhas ideias e minha curiosidade, e tive por algum tempo a ideia doentia de que meus pais sabiam de meus pensamentos, o que *eu explicava dizendo-me que os expressara, mas sem que eu próprio os ouvisse.* Vejo aí o começo de minha doença. Havia pessoas, moças, que muito me agradavam e que eu desejava imperiosamente ver nuas. Porém, junto com esses desejos eu tinha um sentimento sinistro, como se algo fosse acontecer se pensasse nisso, e eu tinha de fazer todo tipo de coisa para impedir que acontecesse. Como prova desses primeiros temores, ele diz "por exemplo, de que meu pai fosse morrer" (*o exemplo é a coisa propriamente dita*). Pensamentos na morte de meu pai ocuparam-me prematuramente e por longos anos, deixando-me bastante triste.

Seu pai morreu (quando?).

Segunda sessão [quinta-feira, 3 de outubro]
Acho que quero começar hoje com a vivência que foi para mim o motivo direto para procurar o senhor. Foi em agosto, durante o exercício militar na Galícia. Estivera mal antes disso e me atormentara com todo gênero de pensamentos obsessivos, mas que, durante o exercício, logo recuaram. Interessava-me mostrar aos oficiais que não só tínhamos aprendido algo, mas que também aguen-

tamos algumas coisas. – Certo dia, fizemos uma pequena marcha partindo de Spas.[4] Durante o descanso, perdi meu pincenê e embora pudesse tê-lo achado facilmente não quis adiar a partida e desisti dele. Em contrapartida, telegrafei ao óptico em Viena para que me mandasse um pincenê substituto imediatamente. Durante esse mesmo descanso, tomei lugar entre dois oficiais, um dos quais um capitão de nome tcheco[5] mas vienense se torna importante para mim. Tive um certo medo do homem, pois *evidentemente gostava de coisas cruéis*. Não direi que era ruim, mas, por exemplo durante as refeições, defendera repetidas vezes a introdução de castigos corporais e tive ocasião de contradizê-lo energicamente. Durante o descanso, pois, começamos a conversar e o capitão contou que lera sobre um castigo oriental especialmente terrível...[6]

Neste ponto ele se interrompe, levanta-se e me pede para poupá-lo da descrição dos detalhes. Asseguro que eu próprio não tenho qualquer tendência à crueldade, que por certo não gosto de atormentá-lo, mas que naturalmente não posso lhe dar do que não disponho.

---

4. Localidade na antiga província austro-húngara da Galícia, hoje Ucrânia. (N.E.)
5. O capitão Novak, mencionado adiante, à p. 160. (N.E.)
6. Segundo observa a tradutora Elza Ribeiro Hawelka no comentário à versão francesa deste texto (*L'Homme aux rats*: Journal d'une analyse. Paris: PUF, 1974, p. 43), tal castigo é descrito no capítulo 6 da segunda parte do livro *Le jardin des supplices* (1898), de Octave Mirbeau (1848-1917), que bem pode ter sido a fonte da leitura do capitão. (N.T.)

Seria o mesmo que pedir-me para lhe dar dois cometas de presente. A superação das resistências era um imperativo do tratamento que naturalmente não poderíamos ignorar. [Apresentara-lhe o conceito de resistência no início da sessão, quando ele disse que tinha muitas coisas a superar dentro de si caso fosse comunicar sua vivência.][7] Prossegui dizendo que faria o que pudesse para depreender *completamente* algo por ele aludido. Será que ele se referia ao empalamento? – Não, isso não. Mas o condenado era amarrado – ele se expressava tão indistintamente que não pude saber logo em que posição – e colocavam um pote virado sobre seu traseiro, no qual introduziam ratos que então se – ele tinha se erguido outra vez e dava todos os sinais do horror e da resistência – enfiavam. No ânus, pude completar. Afinal, após as declarações da primeira sessão eu tinha reconhecido o componente homossexual.

Em todos os momentos mais importantes da narrativa percebe-se nele uma *fisionomia particular*, que só consigo interpretar como horror ao prazer por ele sentido e que ele próprio desconhece. Com todas as dificuldades, ele prossegue. Naquele momento, fui sacudido por uma *ideia*, de que isso acontecesse com uma pessoa cara a mim. [[8] Ele diz ideia, a palavra mais forte e mais correta *desejo* foi evidentemente encoberta pela censura. Infelizmente, não consigo reproduzir a peculiar imprecisão de

---

7. Colchetes de Freud. (N.E.)
8. Colchete de Freud, que provavelmente deveria fechar em "censura". (N.E.)

sua maneira de se expressar. A uma pergunta direta, ele confirma que não é ele próprio que aplica a punição a essa pessoa, mas que ela é aplicada – impessoalmente – a ela. Após breve reflexão, sei que ele está se referindo à mulher por ele venerada.

Fazemos uma pausa a fim de trocar algumas impressões sobre essas ideias obsessivas. Ele destaca o quão alheia e hostilmente esses pensamentos a ele se contrapõem e com que rapidez extraordinária eles transcorrem e tudo o mais que a eles se liga. Com a própria ideia também se apresenta a "sanção"; é assim que ele chama a medida defensiva, aquilo que precisa executar para que tal fantasia não se cumpra na realidade. Ele não menciona quais eram as sanções que lhe ocorriam simultaneamente; mas ele conseguiu se defender por algum tempo de ambas com suas fórmulas costumeiras: um "mas" acompanhado de um movimento desdenhoso da mão, um "ora, que ideia é essa".

Na noite seguinte, o capitão lhe repassou um pacote vindo pelo correio e disse: O primeiro-tenente David adiantou o pagamento do reembolso para ti precisas devolver-lhe o valor. No pacote estava o pincenê encomendado. Nesse momento, tomou forma uma sanção: Não devolver o dinheiro caso contrário acontecerá aquilo; ele se referia à realização de sua fantasia. E, conforme um tipo por ele conhecido, formou-se um mandamento semelhante a um juramento para combater essa sanção: Tens de devolver ao primeiro-tenente David as 3,80 coroas, o que ele quase disse a meia voz para si mesmo.

Ele se interrompe nesse ponto para se queixar da compreensão deficiente dos médicos que consultou. Quando fez a Wagner von Jauregg[9] apenas algumas alusões sobre o conteúdo de seus pensamentos obsessivos, este deu um sorriso compassivo, e quando citou o exemplo de que havia nele ideias que o obrigavam a realizar uma prova numa data determinada, embora não tivesse concluído a preparação e nada o impedisse de fazê-la dez dias depois, W. disse "Uma ideia obsessiva benigna". Bem, mas não haveria ideias obsessivas benignas: toda obsessão, mesmo que ele fosse forçado a fazer uma coisa correta, era-lhe odiosa como algo doentio.

Ele diz que houve um tempo em que era atormentado por ímpetos obsessivos imperiosos com muito mais força do que agora, por exemplo, neste exato momento meterás uma faca no coração e em que a luta com eles e com as defesas contra eles o esgotavam ao extremo. Veio-lhe certa vez esta ideia, quando certa vez o mandamento se transformou em compulsão: Nunca cederás a uma ideia obsessiva. [[10] Ele deixa de fora que isso [poderia] ter se tornado a salvação para ele. Mas ele a repeliu imediatamente, pois preferia lutar e sofrer a ser obrigado a algo, mesmo que fosse uma proteção. Certa vez, contudo, essa ideia se apoderou dele certa vez num estado de esgotamento. Que mudanças a isso se ligariam é algo de que ele se afasta.

---

9. Julius Wagner-Jauregg (1857-1940), professor de psiquiatria na universidade de Viena e ganhador do prêmio Nobel. (N.E.)
10. Colchete de Freud; mais uma vez, ele não o fechou. (N.E.)

Essa intercalação refere-se evidentemente à sua oposição frente à última ideia obsessiva, positiva e perfeitamente de acordo com o bom senso. Ele ainda precisa continuar, mas cria novas dificuldades, é como se uma proibição de fato lhe dificultasse falar do que vem depois; [é] como se, ao falar, isso tivesse de acontecer. Essa proibição já existia antes do tratamento; quando falei das condições do tratamento, ela se agravou. Sua ideia foi logo, como passarás por essa dificuldade. – Digo que é um refinamento especial da doença proteger-se dessa maneira do ataque das forças de seu intelecto. "Astuta" é a palavra correta, acha ele, mas às vezes parecia que também as circunstâncias externas eram astutas.

Falei com meu suboficial da tesouraria e o incumbi de entregar as 3,80 coroas ao primeiro-tenente David, nisso ignorei o mandamento sob juramento, pois o mandamento dizia: Devolverás as 3,80 a D., ou seja, eu próprio, nenhum outro. Ele voltou e disse que D. estava no posto avançado. Então era fácil para mim, eu me poupara a violação do juramento. Um oficial que ia à cidadezinha ofereceu-se para pagar a soma para mim na agência do correio, mas aí resisti, pois me ative ao teor. (Não está claro como D. se relaciona com a agência do correio.) Finalmente encontrei D. e lhe ofereci as 3,80 que ele adiantara para mim. Ele recusou: Não adiantei nada para ti. No momento fui tomado pela ideia: sobrevirá a dificuldade de que "todos" estarão à mercê daquela punição (por ele não conseguir manter seu juramento). Todos significa sobretudo: seu falecido pai e aquela mulher.

Ele sente a necessidade de um esclarecimento. Ele tem de observar que desde o começo, também quanto a todos os temores anteriores de que acontecesse algo a pessoas caras, ele situara essas punições não no mundo terreno mas no além, na eternidade. Fora religioso de uma maneira muito conscienciosa até os catorze ou quinze anos, momento a partir do qual se desenvolvera até chegar ao atual livre-pensamento. Ele compensava a contradição ao dizer-se: O que sabes da vida no além? O que sabem os outros! Não é possível saber, afinal; nada arriscas, então podes acreditar. *Ele se aproveita, portanto, da incerteza da razão.* Depois de ter chamado sua atenção para a importância do fator infantil em sua religiosidade e ter lhe indicado que precisamente na infância a pessoa encontraria os nexos entre seu pensamento involuntário e seu pensamento consciente e normal, ele observa que as histórias bíblicas tinham-no agradado muito quando criança, mas que tudo o que nelas aparecia de punição já naquela época tivera para ele o caráter de compulsão.

Ele ainda menciona que após a comunicação de D imaginara o seguinte caminho para levar em conta o teor de seu juramento. Iria com D à agência do correio, lá este pagaria as 3,80 no guichê e ele logo as devolveria a D.

Em dado momento, ele reage à minha observação de que eu próprio não sou cruel dirigindo-se a mim com "sr. capitão". Na queixa sobre a incompreensão dos médicos ele me elogia discretamente e menciona que leu um extrato de minha teoria dos sonhos.

3ª sessão [sexta-feira, 4 de outubro]

À minha pergunta, pai faleceu quando tinha 21 anos de idade. A inclusão do além aconteceu apenas algum tempo depois.

Mediante narrativa mais detalhada, elimina a obscuridade em relação à proposta de pagar para ele na agência do correio. Nisso eu próprio posso corrigir algumas coisas que percebera mal.

O oficial que quis pagar o dinheiro no lugar dele era um médico assistente. Ele hesitou se devia dar-lhe o dinheiro, mas terminou por fazê-lo. O destino interveio novamente. Ele retornou, fora retido e não pôde fazer o pagamento. Ao ser perguntado se na época não acreditara que o dinheiro não deveria ser pago à agência do correio, e sim a David, ele responde que duvidara, mas que no interesse de seu juramento acreditou tratar-se do segundo. Aqui permanecem uma obscuridade e incerteza da lembrança, como se ele tivesse feito um arranjo posteriormente. O começo do caso, que ele acrescenta, foi que um outro capitão, a quem se apresentou, contou-lhe que haviam lhe perguntado na agência do correio se conhecia um certo tenente Lorenz, para quem havia um pacote com reembolso. Ele disse: Não e por isso não retirou o pacote. Só então veio o episódio com o capitão Novak. Mais adiante, ele se estende mais sobre o encontro com David, que lhe disse não ser ele que cuida do correio, e sim o primeiro-tenente *Engel* [anjo]. E então sobrevém meu esquecimento.

Ele inventa sua saída durante o sono da tarde, por assim dizer durante o sonho, e esta consistia em ir com os dois senhores, David e Engel, à agência do correio; ali David daria 3,80 à atendente, esta as daria a Engel e ele, então, segundo o teor do juramento, as devolveria a David.

Então ele prossegue a narrativa. Na noite após essa sesta ocorreu a última reunião dos oficiais para finalizar a manobra. Coube-lhe agradecer pelo brinde aos senhores da reserva. Ele falou bem, mas como um sonâmbulo, pois em segundo plano o pensamento em seu juramento continuava a atormentá-lo. A noite foi atroz, argumentos e contra-argumentos se digladiavam; o argumento principal, naturalmente, era que

3ª sessão (cont.)[11]

o pressuposto de seu juramento, de que David pagara a soma por ele, não estava correto. Mas ele se consolava com o fato de ainda não ser tarde demais, com o fato de ainda ter tempo de no dia seguinte, na cavalgada a Przemyśl, da qual David tomaria parte até certa altura, pedir a este para acompanhá-lo até a agência do correio. Porém não o fez, deixou David seguir seu caminho, mas encarregou seu ordenança de dizer-lhe que o visitaria à tarde. Chegou às nove e meia da manhã à estação de Przemyśl, descarregou ali a bagagem, ainda resolveu toda sorte de negócios na cidade e então se propôs a fazer a visita a David. Sua [seu lugar de] estadia ficava a mais ou menos uma hora

---

11. O restante destas anotações da terceira sessão foi escrito numa folha anterior, a saber, logo após as notas da primeira sessão, bem como numa outra folha inserida entre as demais. (N.E.)

de veículo da cidade de Przemyśl, a viagem de trem até o lugar em que ficava a agência postal teria levado três horas; ele acha que ainda teria podido voltar bem a tempo do trem noturno para Viena.

As ideias que se digladiavam diziam, por um lado: isso tudo era uma covardia dele, pelo visto só queria se poupar o incômodo de pedir a David esse sacrifício e de fazer papel de louco diante dele e assim não obedeceria a seu juramento; e, por outro lado: era uma covardia, ao contrário, que ele cumprisse o juramento, visto que com isso só queria obter sossego das ideias obsessivas. *Se numa reflexão os argumentos se equilibravam dessa maneira, ele costumava se deixar levar por acontecimentos casuais como se fossem juízos divinos.* Por isso, disse sim quando um carregador lhe perguntou na estação ferroviária: Para o trem das dez?, e resolveu seus negócios na cidade. Ele partiu às dez, e assim estava diante de um *fait accompli* [fato consumado], o que muito o aliviou. Além disso, pegou com o cobrador do vagão-restaurante uma ficha para a refeição coletiva. Na primeira estação, ocorreu-lhe subitamente que poderia muito bem desembarcar ali, esperar pelo trem da volta e retornar à localidade onde estava o primeiro-tenente David. Apenas a consideração pela confirmação que dera ao garçom o impediu, ele adiou o desembarque para uma estação seguinte. Isso lhe pareceu fora de questão numa delas porque lá tinha parentes e ele decidiu continuar a viagem, visitar seu amigo em Viena, apresentar-lhe a questão para decisão e então retornar com o trem noturno. Ele teria tido o tempo de uma meia hora entre os dois trens. Mas em Viena ele não encontrou o amigo na hospedaria em que esperara achá-lo, apenas um conhecido que o convidou a passar a noite em sua casa. Ele recusou, pois queria dormir na casa de Springer seu amigo, ainda tocou a campainha lá às onze horas, embora tivesse escrúpulos em perturbar a velha mãe e, ainda à noite, apresentou a questão ao amigo. Este ficou pasmado com o fato de ele ainda ter dúvida de que se tratava de uma ideia obsessiva, acalmou-o por essa noite, de modo que dormiu esplendidamente e na manhã seguinte foi com ele ao correio para despachar as 3,80 coroas à agência postal de Saz. Após ter deixado o amigo e estar com sua gente em Brühl[12], a aflição voltou. Os argumentos do amigo não haviam sido diferentes dos seus próprios e ele não se iludia quanto ao fato de ter sido apenas sua influência pessoal que causara o apaziguamento. Ele decidiu consultar um médico, pedir-lhe um atestado de que necessitava para seu restabelecimento de um ato como o que imaginara em relação a David, e não duvidava que então David, por causa desse atestado, aceitasse o dinheiro dele. Um acaso dirigiu sua escolha a mim. Um estudante de filosofia, que morava no mesmo prédio e lhe emprestara livros, pediu-os de volta. Ele ainda folheou um deles, era a *Psicopatologia da vida cotidiana*, nele encontrou coisas que o lembraram de seus próprios cursos de pensamento e decidiu me consultar.

---

12. Subúrbio de Viena. (N.E.)

Não foi bem reproduzido, muito das verdadeiras belezas do caso se perdeu, se dissipou.

Quarta sessão [sábado, 5 de outubro]
Como, pois, o senhor continuará? Decidi contar-lhe o que considero muito importante e que me atormenta desde o início. Então ele conta bastante prolixamente o que admite abreviação: a história clínica de seu pai, que faleceu de enfisema em 1899[13], quando ele tinha 21 anos de idade, a gradativa evolução de seu estado até o perigo e o essencial, como perguntou certa noite ao médico, acreditando tratar-se de uma situação de crise, quando se poderia considerar o perigo afastado. A resposta foi: depois de amanhã, à noite, e não lhe veio à mente que o pai poderia não sobreviver a esse prazo. Por isso deitou-se na cama por uma hora às onze e meia da noite e quando levantou à uma hora encontrou um amigo médico da casa que lhe disse que o pai falecera. Recriminou-se por não ter estado presente durante a morte, recriminação que se reforçou quando uma enfermeira lhe comunicou que nos últimos dias o pai dissera certa vez seu nome, como se fosse perguntar por ele, dirigindo à enfermeira, que dele se aproximou, esta pergunta: É Paul?. Ele acredita ter percebido que também a mãe e a irmã queriam fazer-se recriminações parecidas. Mas elas não falaram a respeito. Porém, de início a recriminação não era torturante, por longo tempo ele não reconheceu o fato [da morte];

---

13. Freud escrevera inicialmente "1902", o que em seguida riscou e corrigiu. (N.E.)

acontecia-lhe repetidamente, quando tinha ouvido uma boa piada, que dissesse a si mesmo: Tenho de contar *isso* ao pai. Sua fantasia também brincava com o pai, de modo que com frequência, quando batiam à porta, pensava: Agora vem o pai, quando entrava num aposento, esperava ali encontrar o pai, e ainda que jamais se esquecesse do fato da morte, a expectativa de tal aparição nada tinha de assustadora, mas era-lhe algo extremamente desejável. A lembrança de sua negligência despertou apenas um ano e meio depois, em maio de 1902 e começou a atormentá-lo da mais medonha maneira de modo que tratava a si mesmo como criminoso. O ensejo para tanto foi a morte de uma tia[14], que entrara na família por casamento, e a visita à casa enlutada em Baden. A partir de então, acrescentou a seu edifício de ideias a continuação no além. Uma grave incapacidade de trabalhar foi a consequência imediata.

    Então intervenho e, partindo das tentativas de seu amigo para tranquilizá-lo, explico: O fato de o conteúdo ideativo e o afeto não se casarem bem, ou seja, o motivo da recriminação e o grau de recriminação. Leigo diria: o afeto é grande demais para a representação, ou seja, exagerado, a conclusão de ser um criminoso, extraída da recriminação, falsa. O médico, ao contrário: Não, o afeto está justificado, não cabe criticar mais a consciência de culpa mas ela corresponde a outro conteúdo, que não é consciente, a um conteúdo que precisa ser primeiro buscado e apenas devido a uma ligação equivocada a representação consciente foi parar no lugar. Não estamos

---

14. Adiante, à p. 197, há uma nova referência a essa tia. (N.E.)

acostumados a afetos intensos sem conteúdo ideativo e, por isso, faltando o conteúdo, adotamos como substituto um outro, que de alguma maneira se adapte, mais ou menos como a polícia no caso de não apanhar um assassino prende a pessoa errada. Impotência do trabalho lógico devido a essa ligação equivocada. Concluo com referência aos grandes enigmas que se derivam dessa nova concepção, especialmente porque ele sabe que, na verdade, jamais cometeu algo delituoso.

Quinta sessão [segunda-feira, 7 de outubro]
Muito interessado, permite-se apresentar dúvidas. Como exatamente a comunicação de que a recriminação, a consciência de culpa, tem razão poderia agir de modo curativo? – Não é essa comunicação que age desse modo, e sim a descoberta do conteúdo desconhecido da recriminação. – Sim, é isso que ele quer dizer. – Diferença entre consciente e inconsciente, desgaste [do consciente], imutabilidade do inconsciente. Referência às antiguidades em minha sala – achados tumulares. Sepultamento determinou conservação. Pompeia está sucumbindo só agora, desde que foi descoberta. – Se haveria uma garantia sobre como uma pessoa se comportará em relação ao que for encontrado. Uma pessoa poderá se comportar de maneira a superar a recriminação, outra pessoa não. – Não, é da natureza das circunstâncias que o afeto sempre seja superado, já durante o trabalho. Buscamos conservar Pompeia; quanto a tais ideias atormentadoras, queremos nos livrar delas. – Ele dissera a si mesmo que uma recri-

minação só poderia surgir pela violação das leis morais pessoais mais próprias, não das exteriores. (Confirmo, quem viola estas últimas sente-se com frequência um herói.) Tal processo só seria possível numa *desagregação* da personalidade, dada desde o início. Será que ele recobraria a unidade da personalidade? Nesse caso, ousaria fazer muitas coisas, mais do que outros que lhe eram apresentados como modelos. – Estou de acordo com essa cisão da personalidade, ele poderia soldar essa nova oposição, entre a pessoa moral e o mal, com a anterior, entre consciente e inconsciente; uma seria o consciente, a outra, o inconsciente. – Ele conseguia se recordar, embora se considere uma pessoa moral, que com toda a certeza fez coisas em sua infância que é como se tivessem se originado da outra pessoa. – Digo que ele descobriu de passagem uma característica capital do inconsciente, o *infantil*; o inconsciente é o infantil e aquela parte da pessoa que então se separou dela, que não tomou parte do desenvolvimento posterior e que, por isso, foi recalcada. Os derivados desse inconsciente recalcado seriam os elementos que conservam o pensar involuntário em que consiste sua doença. Agora ainda haveria mais um caráter a descobrir, refiro-me ao sexual, mas ele não o encontra. Em compensação, expressa a dúvida sobre se modificações que persistem por tanto tempo ainda poderiam ser anuladas, especialmente a ideia com o além, que afinal não pode ser refutada logicamente. Não contesto a gravidade do caso e a relevância dessas construções, mas a idade dele era muito favorável e muito dependia do estado intacto da personalidade, ao que emito um juízo muito favorável sobre ele que manifestamente muito o alegra. Ele relata ainda que o caráter de seus estados se modificou muito. No início de 1903 e logo depois eram ataques, a ideia lhe sobrevinha subitamente, perdurava com violência de oito a dez dias, então fora superada e ele tinha alguns dias de total liberdade até sobrevir o próximo ataque. Agora as coisas seriam diferentes, ele por assim dizer se resignara, aceita já ter feito o que está em questão e então diz a si mesmo em luta defensiva, Não podes mais fazer nada, já cometeste o ato. Essa aceitação de uma culpa anterior seria para ele pior do que a tentação, que existia de início, de fazer algo que seria uma culpa. – Cumprimento-o pela clareza com que expressa esses estados. – Ele não sabe se essa mudança se relaciona com alguma nova vivência.

Sexta sessão [quinta-feira, 8 de outubro]
Ele precisa contar algo factual da infância. Recorda-se de que com talvez oito anos tivera medo de que os pais adivinhassem seus pensamentos. Essa ideia na verdade o acompanhou fielmente vida afora. Aos doze anos, amava uma mocinha irmã de um amigo, mas que não era tão carinhosa com ele quanto ele desejava. (À minha pergunta: não sensualmente não que quisesse vê-la nua, ela era muito pequena.) E então ele se recorda com certeza da ideia de que seria afetuosa com ele se uma desgraça lhe acontecesse, como uma desgraça dessas, impôs-se a ele a condição da morte do pai. Rejeitou-a de imediato, luta

agora contra a possibilidade de que um desejo possa ter se expressado dessa maneira, foi apenas uma "ligação de pensamentos". Faço uma objeção, se não era um desejo, por que a oposição. Bem apenas por causa do conteúdo da ideia de que pai pudesse morrer. Digo-lhe que ele trata essas palavras como se fossem de lesa-majestade, que são punidas tanto se alguém disser: Nosso imperador é um asno quanto se disfarçar essas palavras dizendo: Se alguém disser etc. terá de se haver comigo. Poderia facilmente colocar-lhe a condição num contexto em que uma oposição como a sua certamente não seria necessária, por exemplo, Se meu pai morrer, mato-me sobre seu túmulo. Abalado, recorda agora o exemplo da moça no livro dos sonhos[15] que sonha com a morte do sobrinho (Ele diz: sobrinha[16]), sendo que não se tratava de um desejo dela. Correto mas no caso o verdadeiro desejo fora silenciado, o caráter de desejo passa por isso à condição que não se adapta de forma alguma ao desejo. No caso dele o desejo é mencionado claramente e surge a impressão de que quem deseja um fim desejaria também o meio. Aliás a ideia da morte do pai não surgira aí pela primeira vez, ela provém de época mais antiga e nesta caberia investigá-la. Prossegue o relato dizendo que um pensamento muito parecido lhe ocorrera uma segunda vez, como um raio,

---

15. *A interpretação dos sonhos*, capítulo IV [L&PM Pocket 1060, p. 173-175]. (N.E.)
16. Esse lapso pode dever-se ao fato de o paciente ter "uma pequena e querida sobrinha, a quem muito amava"; ver acima, p. 121. (N.E.)

meio[17] ano antes da morte do pai. Ele estava apaixonado por *aquela* mulher, mas não pôde pensar em casamento devido a obstáculos materiais, daquela vez, a ideia fora esta: *Graças à morte do pai, talvez fique tão rico que possa casar-se*. Em sua defesa contra isso, ele foi tão longe a ponto de desejar que o pai não deixasse absolutamente nada, para que ganho algum lhe compensasse essa horrível perda. Uma terceira vez, mas bastante atenuada, um dia antes da morte do pai, esta ideia: agora posso perder o que me é mais caro, contra isso veio a contestação, Não, há outra pessoa cuja perda te seria ainda mais dolorosa. Ele acredita que isso é ainda mais surpreendente pelo fato de estar certo de *jamais* ter pensado que a morte do pai pudesse ser um desejo seu. Após essas palavras pronunciadas com plena ênfase julgo necessário oferecer-lhe um fragmento de teoria.

A teoria sustenta que todo medo corresponde a um desejo passado recalcado, de modo que portanto se precisaria supor o oposto exato. Isso também se harmoniza com o fato de então o inconsciente ser o oposto direto do consciente. O paciente fica bastante abalado, muito incrédulo e continua a se admirar sobre como seria possível esse desejo, visto que o pai fora-lhe precisamente a mais amada de todas as pessoas. Sem dúvida, ele teria renunciado sem hesitar a qualquer felicidade pessoal para conservar a vida dele. Respondo que precisamente esse amor intenso é a condição para o ódio recalcado. No caso

---

17. Aqui constava inicialmente "um" no manuscrito, o que Freud depois riscou e corrigiu. (N.E.)

de pessoas indiferentes, ele por certo conseguiria facilmente manter lado a lado os motivos para a simpatia e a antipatia moderadas; por exemplo, no caso de seu chefe de escritório se ele fosse um superior agradável, mas um jurista mesquinho e um juiz inumano. De modo parecido, Brutus diz em César...[18] e no entanto isso já soa estranho porque imaginamos maior a afeição de Brutus por César. No caso de uma pessoa que estivesse mais próxima dele, por exemplo sua mulher, ele se empenharia por um sentimento unitário e, por isso, como é universalmente humano, negligenciaria os defeitos dela que pudessem produzir sua antipatia, iria ignorá-los como se estivesse ofuscado. Ou seja, precisamente o grande amor não permite que o ódio (assim denominado de maneira caricatural), que por certo deve ter alguma fonte, permaneça consciente. É um problema, apenas, de onde ele provém e a declaração dele apontava para o momento em que temera que os pais adivinhassem seus pensamentos. Por outro lado, seria possível perguntar por que o grande amor simplesmente não extinguiu o ódio, como afinal se está acostumado no caso de moções opostas. Este deveria portanto estar ligado a uma fonte a um ensejo que por sua vez o tornasse invulnerável. Ou seja, por um lado esse nexo protege o ódio ao pai do perecimento e, por outro lado, o grande amor o impede de tornar-se consciente, de modo que lhe resta precisamente a existência inconsciente, da qual,

---

18. Shakespeare, *Júlio César*, ato III, cena 2: "Porque César me amou, choro por ele; porque foi feliz, me alegro; porque foi valente, o respeito, mas porque foi sedento de poder, o matei". (N.E.)

então, emerge feito um raio em certos momentos. Ele admite que isso esteja correto, naturalmente não mostra qualquer sinal de convicção. Ele gostaria de saber uma coisa. Como é que uma ideia dessas pode fazer tais pausas, um momento aos doze anos, então aos vinte então dois anos depois permanentemente? Não conseguia acreditar que a hostilidade estava extinta no entretempo. E, no entanto, não houvera sinal de recriminações durante as pausas. Respondo com a regra: Se alguém faz uma pergunta dessas, já tem a resposta pronta e só precisa continuar falando. Ele prossegue numa conexão mais frouxa. Diz ter sido o melhor amigo do pai assim como este fora o seu e exceto por poucos âmbitos em que pai e filho se evitam (do que poderá estar falando) a intimidade entre eles teria sido maior do que é agora aquela com o seu melhor amigo. É verdade que amara muito aquela mulher, por causa de quem preterira o pai em seus pensamentos, mas não em sentido propriamente sensual. As moções sensuais dele teriam sido muito mais fortes na infância do que na época da puberdade. – Agora ele tinha dado a resposta digo eu e ao mesmo tempo descoberto o terceiro grande mistério. A fonte da qual a hostilidade obtém sua indestrutibilidade é evidentemente do tipo dos apetites sensuais, em relação aos quais ele sentira o pai de algum modo como incômodo, e esse *conflito entre sensualidade e amor filial seria o conflito inteiramente típico.* As pausas teriam ocorrido nele porque, em decorrência da explosão prematura, sua sensualidade teria sido tão abafada no período intermediário. Somente quando ressurgiram desejos muito intensos e apaixonados, quando estes também se mantiveram conscientemente afastados do caráter sensual, é que essa hostilidade, adaptando-se bem à situação, voltara a emergir. Peço-lhe que confirme que não o dirigi ao tema infantil, nem ao sexual, que ele chegou por conta própria a eles. Ele continua a perguntar. Ele pergunta então por que, na época daquela mulher, simplesmente não decidira lá consigo mesmo que o fato de o pai atrapalhar o amor não seria levado em conta quando comparado a seu amor pelo pai. Ele recebe esta resposta porque a presença é absolutamente necessária para matar alguém. Para tanto, o desejo contra o qual protestava precisaria ter ocorrido naquela época pela primeira vez, porém tratava-se de um desejo há muito recalcado, contra o qual não podia se comportar senão como antes e que, por isso, foi poupado de tal destruição. O desejo deve ter surgido em épocas em que as condições eram bem diferentes, em que não amou o pai mais do que a pessoa amada, ou não fosse capaz de tomar uma decisão clara, isto é, em infância bastante remota, antes dos seis anos, momento a partir do qual sua memória era fresca, e isso ficara assim para sempre.

Mas então era chegado o momento de deixar a teoria e retornar à auto-observação e à lembrança.

Sétima sessão [quarta-feira, 9 de outubro]
Ele retoma o mesmo tema. Ele não podia acreditar que alguma vez tivera aquele desejo contra o pai. Recorda-se de uma novela de Sudermann (*Geschwister* [Irmãos]),

que lhe causara uma impressão deveras profunda, na qual irmã junto ao leito de morte da outra percebe esse desejo de morte a fim de casar-se com o marido dela e se suicida em seguida pois acredita que após semelhante baixeza não merece viver. Ele diz compreender isso e parecer-lhe perfeitamente justo sucumbir por causa de seus pensamentos, pois está certo de que não merece outra coisa [ou seja, contradição com seu não introdutório de que não tivera aquele desejo].[19] – Sei muito bem que no caso dos doentes o sofrimento lhes proporciona satisfação e que no fundo se opõem parcialmente a ficarem sãos. Peço-lhe não perder de vista que o tratamento ocorre sob resistência constante, irei lembrá-lo novamente disso. – Queria agora contar sobre ato criminoso no qual não se reconhece, mas com toda a certeza se recorda. Nietzsche diz: [Frase que preciso procurar.][20] Por fim a memória cede.[21] Bem, aí a minha não cedeu. – *Justamente porque o senhor é um autossupliciador, porque tira um gozo das recriminações.* Tive com meu irmão mais novo, agora sou realmente bom com ele, ele está me causando grande preocupação, quer fazer um casamento que considero o maior absurdo, já tive o pensamento de viajar até lá e matar a moça para que ele não possa se casar – muitas

---

19. Colchetes de Freud. (N.E.)
20. Novamente, colchetes de Freud. (N.E.)
21. Friedrich Nietzsche, *Além do bem e do mal*, cap. 4, aforismo 68: "'Eu fiz isso', diz minha memória. 'Não posso ter feito isso' – diz meu orgulho, e se mantém inexorável. Por fim – a memória cede". (N.E.)

brigas quando criancinha. Ao mesmo tempo, gostávamos muito um do outro e éramos inseparáveis, mas eu era dominado por evidente ciúme, pois ele era o mais forte, o mais bonito e, por isso, o mais popular. Sim o senhor já me comunicou uma dessas cenas de ciúme, aos oito anos, srta. Lina.[22] Bem, depois de uma ocasião dessas, certamente antes dos oito anos, pois eu ainda não estava na escola, na qual entrei aos oito, fiz o seguinte. Tínhamos espingardas de brinquedo; carreguei a minha com a vareta, disse a meu irmão para olhar dentro do cano, onde veria uma coisa e então apertei o gatilho. Ele foi atingido na testa e não sofreu dano algum; mas fora minha intenção feri-lo bastante. Então fiquei completamente fora de mim e me perguntei: Como é que pude fazer isso, mas foi o que fiz.

Aproveitei a ocasião para advogar por minha causa, se ele conservou semelhante ato na memória, tão alheio a ele, quão facilmente não poderá algo parecido, que ele contesta, ter sido real contra o pai alguns anos antes, de que ele não se recorda.

Ele afirma lembrar-se de outros sentimentos vingativos contra aquela mulher que ele tanto venera. Detalhes sobre ela, cujo nome ainda oculta. Uma parenta, conheceu-a em 1898; em 1899 morreu o pai dele. Descreve-a como uma pessoa que constitui um todo harmonioso; talvez assim ela não possa amar, poupando-se por inteiro para aquele com quem se casará. Quanto a ele, ela não o ama; quando teve certeza disso, teve uma fantasia consciente. Ele se tornaria muito rico, se

---

22. Ver acima, p. 152. (N.E.)

casaria com uma outra, com ela faria então uma visita à primeira a fim de ofendê-la. Mas então a fantasia falhou, pois teve de confessar a si mesmo que a outra, a esposa, lhe era completamente indiferente, seus pensamentos se confundiram e só no fim lhe ficou clara a ideia de que ela teria de morrer. Nessa fantasia, tal como no ato contra o irmão, ele também encontra a característica da *covardia*, que lhe é tão execrável, o que não me parece inteiramente compreensível.

Na conversa com ele, chamo sua atenção para o fato de ele, logicamente, dever considerar-se completamente isento de responsabilidade, pois todos esses sentimentos reprováveis se originavam de sua vida infantil, correspondiam a derivados dela que continuavam vivos no inconsciente e ele sabia que a responsabilidade não podia valer para a criança. Da soma das predisposições da criança, o homem eticamente responsável surgiria, afinal, apenas no decorrer do desenvolvimento. Ele duvida, porém, dessa origem de todos os seus pensamentos malévolos e prometo-lhe que o tratamento irá demonstrar-lhe isso em cada caso particular.

Ele ainda menciona que desde a morte do pai a doença se intensificou enormemente e eu lhe dou razão na medida em que reconheço como principal contribuição para sua intensidade o luto pelo pai, que encontrou aqui, portanto, uma expressão patológica. Explicação da frase anterior: Enquanto luto normal acaba em um ano e meio ou dois anos, um luto patológico como o dele, porém, é temporalmente ilimitado.

Das sessões seguintes, pretendo anotar apenas alguns elementos factuais elementos essenciais, sem reproduzir o curso da análise.

10/X Ele quer falar do início de suas ideias obsessivas. Verifica-se que ele se refere ao início de seus mandamentos. Durante os estudos para o exame oficial do Estado estão relacionados com a mulher, de início prescrições absurdas e mesquinhas, contar entre o trovão e o relâmpago correr pelo quarto a partir daquele minuto etc., em conexão com seu propósito de emagrecer, mandamentos o obrigavam, durante seus passeios Gmunden[23] (verão de 1902), a correr sob o sol escaldante. Mandamento de fazer o exame em julho, ao qual resistiu por conselho do amigo; porém mais tarde mandamento de pegar a primeira data em outubro, ao qual obedeceu. Ele se anima a estudar por meio da fantasia de que precisa se apressar a fim de casar com a mulher, parece que essa fantasia já era motivo de seu mandamento. Parece atribuir esses mandamentos ao pai. Perdeu várias semanas devido à presença[24] da dama, que viajara quando sua avó muito velha adoeceu. Ofereceu-se para ir até lá,

---

23. Estância termal às margens do Traunsee [lago austríaco]. (N.E.)
24. Na história clínica publicada: "ausência" (ver acima, p. 77). (N.E.)

o que ela recusou – urubu.²⁵ Em meio ao estudo furioso pensamento de que se pode admitir a ordem de pegar a primeira data em outubro – mas se dessem a ordem de cortar-te o pescoço? Ele logo percebeu que essa ordem já fora dada, precipitou-se ao armário a fim de buscar a navalha. Então lhe ocorreu: Não isso não é tão simples, tens de viajar até lá e matar a velha. Então, de pavor, ele foi ao chão. Quem é afinal que lhe ordena isso? A dama ainda muito misteriosa. Juramentos que ele esqueceu. Ruidosa luta defensiva contra eles, também esquecida.²⁶

11/X Luta violenta, dia infeliz. Resistência, pois ontem pedi que ele trouxesse consigo uma fotografia da dama, isto é, renunciasse à reserva quanto a ela. Conflito desistir do tratamento ou expor segredo. Sua consciência não dominou de forma alguma seus pensamentos ondulantes. Relata de que modo tentou se defender contra as ideias obsessivas. Simultaneamente à religiosidade, fazia orações que, pouco a pouco, passaram a custar-lhe até uma hora e meia, pois nas fórmulas simples se intrometia algo que as transformava em seu oposto, por exemplo,

---

25. Ver acima, p. 131: "Interessava-se calorosamente por todos os falecimentos, participando dos funerais cheio de respeito aos mortos, de modo que os irmãos passaram a chamá-lo, por zombaria, de urubu; [...]". (N.E.)
26. Anotado junto ao traço vertical: "exemplo de intenção suicida, intenções assassinas". (N.T.)

"que Deus – não – o proteja". (Balaão às avessas.[27])[28] Dou-lhe explicação sobre a insegurança fundamental de todos os métodos de apaziguamento, pois o elemento combatido se insinua gradativamente neles, o que ele confirma. Certa vez, em meio a isso, veio-lhe a ideia de lançar maldições, isso certamente não seria uma ideia obsessiva (o sentido original do recalcado). Tinha abandonado tudo isso subitamente há um ano e meio atrás, isto é, formara uma palavra a partir das iniciais de certas orações, algo como "Gigellsamen"[29] (inquiri-lo melhor) que ele pronuncia tão rapidamente que nada pode se colocar de permeio. Ainda o reforço de certa superstição, como se seus maus desejos tivessem força, um fragmento de onipotência, reforçada por vivências reais. Por exemplo, no sanatório de Munique[30] tinha seu quarto da primeira vez ao lado da moça com quem passou a manter relações sexuais. Quando foi para lá a segunda vez, hesitou se devia pegar o mesmo quarto, pois era muito grande e caro. Quando então disse à moça que decidira ficar com ele, ela o informou que o professor já o pegara. Mas tomara que tenha um ataque, disse ele irritado. Catorze dias depois perturbou-o no sono a ideia de um cadáver, ele a superou e ouviu pela manhã que o professor realmente sofrera um ataque[31] e que mais ou

---

27. O profeta pagão Balaão partira para amaldiçoar os israelitas, mas então os abençoou. Ver Números 22-24. (N.E.)
28. Anotado junto ao traço vertical: "indícios de conflito". (N.T.)
29. Ver adiante, p. 204-205. (N.E.)
30. Onde o paciente se submeteu à hidroterapia; ver acima, p. 149. (N.E.)
31. Anotado junto ao traço vertical: "superstição". (N.T.)

menos a essa hora fora levado ao quarto. Alega também ter o dom dos sonhos proféticos, dos quais conta o primeiro.

12/X Ele não conta o segundo, mas descreve seu dia. Ele ficou alegre, foi ao teatro e ao chegar em casa o destino enviou a seu encontro a criada de quarto, que nem jovem nem bela lhe dedica atenção há um bom tempo. Não consegue explicar a si mesmo o fato de dar--lhe repentinamente um beijo e então atacá-la; enquanto ela oferecia resistência provavelmente apenas aparente ele voltou a si e se refugiou no quarto. Diz que é sempre assim com ele, algo vulgar sempre sujaria seus momentos belos ou contentes. Chamo sua atenção para a *analogia* com os atentados urdidos por *agents provocateurs*. Ele prossegue nesse contexto e vai parar no onanismo, que tem uma história notável em seu caso.[32] Ele o começou aos vinte e um anos (segundo o levo a constatar, após morte do pai) por ter ouvido falar a respeito, por certa curiosidade, repetiu-o muito raramente, sempre ficava muito envergonhado depois. Certo dia lhe ocorreu sem qualquer motivo: Juro abandoná-lo pela bem-aventurança de minha alma. Embora não desse qualquer importância a esse juramento, do qual riu devido à sua singular solenidade, ainda assim o abandonou naquela época. Alguns anos depois, no período em que morreu a avó de sua dama e ele quis viajar até lá, a mãe disse: Pela minha alma, tu não irás viajar. A semelhança desses juramentos deu-lhe o que pensar, ele se fez recriminações por colocar em perigo a

---

32. Anotado à margem, transversalmente: "onanismo". (N.T.)

salvação da alma de sua mãe persuadiu-se a não ser mais covarde em relação a si do que em relação a outros e a recomeçar com o onanismo caso conservasse o propósito de viajar até a dama. Então desistiu da viagem porque lhe escreveram que não viesse. A partir de então o onanismo retornou de tempos em tempos.[33] Era suscitado por momentos especialmente belos que vivenciava ou por belos trechos que lia. Assim, por exemplo, quando certa vez numa bela tarde ouviu na Teinfaltstrasse[34] um postilhão tocar magnificamente sua corneta, mas que parou de fazê--lo quando um guarda da segurança pública o proibiu, provavelmente invocando algum antigo decreto da corte segundo o qual não se podia tocar corneta na cidade. Outra vez, quando leu em *Verdade e poesia*[35] como Goethe, em terna exaltação, se livrou do efeito da maldição que uma amante lançara sobre aquela que lhe beijasse os lábios. Por muito tempo, como se fosse supersticioso, Goethe se conteve devido a essa maldição, então rompeu os grilhões e cobriu sua querida de beijos efusivos (Lilli Schonemann?[36]). E inacreditavelmente masturbou-se nessa ocasião. Em Salzburgo, aliás, uma empregada que o agradava e com quem mais tarde se encontrou foi o ensejo de seu onanismo. Narra isso de tal forma a apre-

---

33. Anotado à margem, verticalmente: "onanismo". (N.T.)
34. Rua de Viena. (N.E.)
35. Assim no manuscrito. (N.E.) Freud refere-se à autobiografia de Goethe, *Poesia e verdade*. (N.T.)
36. Lili (na verdade, Anna Elisabeth) Schönemann (1758-1817), de quem Goethe foi noivo em sua juventude por breve tempo. (N.E.)

sentar como arruinou por meio desse onanismo uma breve viagem a Viena com que se alegrara. Dá mais notícias sobre sua vida sexual. Relação com *Puellis*[37] é-lhe execrável, esteve certa vez com uma delas estabeleceu a condição de que ela se despisse e quando ela exigiu cinquenta por cento a mais por isso ele pagou e foi embora a tal ponto tudo o repugnou. Nas poucas vezes em que teve relações com moças, em Salzburgo e depois em Munique com aquela garçonete ele jamais se fez recriminações. Como ficara exaltado, diz, quando a garçonete lhe contou a tocante história de seu primeiro amor, como fora chamada ao leito de morte do amado, ele lamentou ter combinado a visita noturna com ela e apenas a consciensiosidade dela o forçou a cometer a injustiça contra o falecido. Ele afirma sempre empenhar-se por separar nitidamente a relação que só existe por causa do coito de tudo o que se chama amor, e a ideia de que ela fora tão calidamente amada tornava-a inapropriada aos olhos dele para sua sensualidade.[38]

Neste ponto, não posso deixar de reunir o material disponível em um acontecimento, o de que ele praticara o onanismo na idade de seis anos, de que o pai o proibiu e nisso fez uso desta ameaça: as pessoas morrem disso, talvez também da do corte do membro.[39] Daí o onanismo

---

37. Prostitutas. (N.E.)
38. Anotado à margem, verticalmente: "separação e amor e sexualidade". Na tradução francesa de Elza Ribeiro Hawelka (baseada em transcrição do manuscrito freudiano efetuada pela própria tradutora) a expressão faz mais sentido: "separação entre amor e sexualidade" (*op. cit.*, p. 101). (N.T.)
39. Anotado à margem, verticalmente: "cena infantil". (N.T.)

por ocasião da libertação da maldição, os mandamentos e as proibições no inconsciente e a ameaça de morrer agora empurrada ao pai. Seus constantes pensamentos suicidas corresponderiam à recriminação de que ele é um assassino. Ocorrem-lhe muitíssimas coisas a propósito disso[40], diz ele ao fim da sessão.

Acréscimos. O suicídio, afirma ele, era uma intenção séria e apenas duas ponderações o impediam de cometê-lo. Uma era o fato de não suportar a ideia de como mãe encontraria seu cadáver ensanguentado. Mas contra isso ele podia se proteger mediante fantasia de cometer o ato no Semmering[41] e deixar uma carta em que pedia que seu cunhado fosse o primeiro a ser informado. (Curiosamente, esqueci a segunda [ponderação].)

De um momento anterior, não mencionei três recordações relacionadas dos quatro anos que ele define como as mais antigas e que se referem à morte da pequena mas mais velha irmã Katherine. Primeira, de como ela é levada para a cama. Segunda, de como ele entra na sala e pergunta: Onde está a Katherine? dirigindo-se ao pai, que está sentado em sua poltrona chorando, e terceira, como pai se curva sobre mãe que chora. [Curioso eu não ter certeza se essas recordações são dele ou de Ph.[42]]

14/X Estes dois últimos, dúvida e esquecimento, estão intimamente relacionados. São realmente recordações

---

40. Ver adiante, p. 184. (N.E.)
41. Desfiladeiro na Baixa-Áustria. (N.E.)
42. Provavelmente outro paciente; os colchetes são de Freud. (N.E.)

dele e a razão esquecida é que a irmã lhe disse uma vez quando, bem pequenos, falavam da morte: Pela minha alma, se morreres vou me matar. As duas vezes trata-se portanto da morte da irmã. Esquecido em razão de complexos próprios. De resto, essa antiquíssima lembrança, três anos e meio (a irmã tinha oito) se harmoniza com minha construção. A morte lhe foi mostrada, *ele realmente tinha acreditado que a pessoa morre caso se masturbe*.

O que lhe ocorreu foi o seguinte[43]: [em primeiro lugar,] a ideia [de] cortar o membro o atormentou de modo extraordinário, e, mais exatamente, quando estava no meio de seus estudos; ele não encontra para ela outra fonte senão o fato de padecer na época de ânsias onanistas. Em segundo lugar, o que lhe parece muito mais importante, duas vezes na vida, por ocasião do primeiro coito (Trieste) e de um segundo em Munique (o primeiro acometido pela dúvida, interiormente plausível), veio-lhe mais tarde à mente: *Mas essa é uma sensação tão grandiosa que se poderia fazer de tudo por ela, por exemplo, assassinar o próprio pai*, o que lhe foi absurdo, visto que o pai já estava morto. Em terceiro lugar, relata cena que lhe foi contada com muita [frequência], próprio pai[44], mas da qual absolutamente não se recorda. Toda a vida teve medo terrível de pancadas e é muito grato ao pai por até onde lembra nunca o ter espancado; quando outras crianças eram espancadas ele se escondia de pavor. Mas

---

43. Ao final da sessão anterior; ver p. 183. (N.E.)
44. Na versão publicada consta que a mãe tinha "relatado repetidas vezes" essa cena. Ver acima, p. 98. (N.E.)

dizia-se que quando fora bem pequeno, três anos, tinha aprontado algo, razão pela qual o pai lhe bateu e então o fedelho teria se enfurecido terrivelmente e xingado o pai. Mas, como não conhecia xingamentos, dera-lhe todos os nomes de objetos que lhe ocorreram: Sua lâmpada, sua toalha seu prato etc.[45] O pai teria dito: Ou esse pequeno será um grande homem ou um grande criminoso. Com isso, admite ele, ficava demonstrada sua raiva, sua sede de vingança, oriunda de época antiga.

Explico-lhe o princípio do Ádige[46], em Verona, que lhe soa muito plausível.

Mais a propósito de sua sede de vingança. Quando certa vez seu irmão esteve em Viena, acreditou ter razão para supor que a dama preferia o irmão, tornando-se de tal modo ciumento que temeu fazer-lhe alguma coisa. Ele pediu ao irmão para lutar com ele e só depois de ele próprio ter sido derrotado sentiu-se tranquilo.

Quanto à dama, ele ainda relata uma fantasia de vingança da qual não precisa se envergonhar. Parece-lhe que ela dá importância à posição social elevada. Assim, ele fantasia que ela se casou com um desses homens que ocupam cargo público e ele começa no mesmo cargo, consegue ir ainda mais longe que esse homem. Certo dia, tal homem, agora seu subordinado, comete um ato ilícito. A dama cai aos pés de nosso paciente, implora-lhe para salvar o marido. Ele promete fazê-lo, revela-lhe

---

45. Anotado à margem, verticalmente: "cena infantil". (N.T.)
46. Em Verona, o rio faz uma curva que quase o leva de volta ao ponto em que desemboca na cidade. (N.E.)

que só assumira o cargo por amor a ela, pois previra um momento como esse, agora a missão estaria cumprida, o marido dela estaria salvo, ele renunciaria ao cargo. Mais tarde teria ido ainda mais longe e gostaria muito de fazer-lhe algo bom, prestar-lhe grande serviço sem que ela soubesse que era ele que o prestava.[47] Nessa fantasia ele vê apenas as provas de amor, não a generosidade à Monte Cristo destinada ao recalcamento da vingança.

18/X Complemento.
Começa com confissão de um ato fraudulento em anos maduros. Ao jogar o vinte e um, quando ganhava uma imensa soma, declarou que colocava tudo na próxima carta e então pararia. Chegara até dezenove pontos e refletiu um momento se deveria continuar, levantou as cartas como se não tivesse intenção de fazê-lo e descobriu que a próxima realmente lhe daria dois pontos, de modo que teria 21 ao desvirá-las. Somando-se a isso, uma lembrança infantil de como o pai o instigou a tirar a carteira da mãe da bolsa e furtar alguns cruzados. – Sua escrupulosidade desde então, sua administração do dinheiro, ele não sacou sua fortuna, mas a deixou para a mãe, de quem recebe uma mesada bem pequena. Como por essa via começa a se comportar como um avarento, embora de forma alguma propenda a isso. Como também o apoio ao amigo lhe trouxe dificuldades. O fato de não ser capaz de sequer emprestar objetos que pertenceram ao pai ou à dama.

---

47. Anotado à margem, verticalmente: "vingança contra a dama". (N.T.)

No dia seguinte em continuação associativa seu comportamento em relação a uma tal "Reserl"[48], que é noiva, mas evidentemente lhe tem muita afeição. Como lhe roubou um beijo; mas nisso penosa ideia obsessiva de que algo ruim aconteça à sua dama, mais ou menos do tipo da fantasia do capitão Novak. O que lhe aparecera na vigília apenas tão fugazmente é então dito pelo sonho da noite com muito mais clareza:

I) Reserl está em nossa casa, levanta-se como se estivesse hipnotizada, chega pálida por trás da minha cadeira e me abraça. Era como se eu quisesse me desvencilhar do abraço, como se a cada vez que ela roçasse minha cabeça surgisse um dano para a dama, inclusive um dano no além-mundo. Era automaticamente assim, como se com o afagar o dano já tivesse ocorrido.

(O sonho não é interpretado, ele é apenas a ideia obsessiva mais clara, que ele não se atreveu a perceber durante o dia.)

Esse sonho de hoje muito o afetou, pois ele dá muita importância aos sonhos, eles desempenharam um grande papel em sua história, levando inclusive a crises.

II Em outubro de 1906, talvez após aquele onanismo ensejado pelo trecho de *Verdade e poesia*[49]

A dama está em algum apuro. Ele pega suas duas espadas japonesas e a liberta. Com ambas em punho ele corre até onde supõe que ela esteja. Ele sabe que ambas

---

48. Diminutivo de "Therese", segundo comentário da tradutora Elza Ribeiro Hawelka (*op. cit.*, p. 111). (N.T.)
49. Mais uma vez, assim no manuscrito. (N.E.)

significam casamento e coito. Agora ambas as coisas se realizaram; ele a encontra apoiada à parede, agrilhoada por torniquetes de polegar. Então o sonho lhe parece tornar-se ambíguo, ou ele a liberta dessa situação graças às duas espadas: casamento e coito, ou a outra ideia, de que só devido a isso ela vai parar nessa situação. (Ao que parece, ele próprio não compreende essa alternativa, embora suas palavras não possam absolutamente significar outra coisa.) – As espadas japonesas realmente existem, elas pendem sobre a cabeceira de sua cama e são feitas de muitíssimas pequenas moedas japonesas. Presente de sua irmã mais velha de Trieste, que, à minha pergunta, vive num casamento muito feliz. Talvez a empregada, que costuma tirar a poeira enquanto ele ainda dorme, tenha tocado nas moedas e feito ruído que penetrou em seu sono.

III Ele estimou um terceiro sonho como o seu bem supremo.

Dezembro de 1906/janeiro de 1907. Estive no bosque, estou muito triste. A dama vem ao meu encontro, muito pálida. Paul, vem comigo antes que seja tarde demais. Ambos sofremos, sei disso. Ela me toma sob o braço e me leva embora com violência. Luto com ela, mas ela é forte demais. Chegamos a um largo rio, lá ela fica parada; estou vestido com trapos lastimáveis, estes caem na corrente, que os leva embora. Quero nadar atrás deles, mas ela não permite: Deixa os trapos. Estou em pé com uma roupa magnífica.

Ele sabia que os trapos significam a doença, que o sonho todo lhe promete saúde por meio da dama. Ficou muito feliz na época, até que vieram outros sonhos que o deixaram profundamente infeliz.

Ele precisa acreditar no presságio por meio de sonhos, pois vivenciou diversas provas, muito notáveis. Conscientemente, não acredita de fato nisso. (Ambas as coisas subsistem lado a lado, mas a [postura] crítica é estéril.)

IV. No verão de 1901 ele escreveu a um colega para lhe mandar tabaco de cachimbo no valor de três coroas. A carta e o tabaco atrasaram cerca de três semanas. Ele acorda certa manhã, conta que sonhou com o tabaco, pergunta se o carteiro porventura lhe trouxe um pacote. Não. Dez minutos depois toca a campainha, o correio traz o tabaco.

V. No verão de 1903, quando ele estudava para o terceiro exame oficial do Estado.[50]

Sonha que é perguntado no exame sobre a diferença entre plenipotenciário e órgão de Estado. Meses depois no exame oral de fato lhe perguntam sobre isso. Esse sonho lhe é bem evidente, mas não há prova de que tenha falado a respeito no intervalo.[51]

A propósito da primeira [prova] ele tenta dar a explicação de que o amigo não tinha dinheiro e que talvez ele próprio soubesse em que momento o teria. Impossível obter dados exatos.

VI. Sua irmã mais velha tem dentes muitos bonitos. Mas há três anos eles começam a doer até que precisam ser

---

50. Anotado à margem, verticalmente, de modo a abranger os sonhos IV e V: "superstição". (N.T.)
51. Entre o sonho e o acontecimento efetivo. (N.E.)

extraídos. O dentista local, amigo[,] disse: Perderás todos os dentes. Certo dia, tem ideia subitamente: Quem sabe o que a Hilde tem agora nos dentes. Talvez ele próprio tivesse dores de dente. No dia em que se masturbou outra vez ele vê durante o adormecer, à maneira de uma visão no semissono, como a irmã sofre com os dentes.[52] Três dias depois carta que relata sobre dores começando num segundo dente, [que] também se perdeu depois disso.

Surpreende-o a explicação de que seu onanismo é responsável por isso.[53]

VII Sonho na casa de Marie Steiner, que ele já relatou, agora mais detalhes a respeito. A Steiner é uma espécie de amor de infância dele, aos catorze, quinze anos era louco por ela, ele enfatiza a ambição obtusa dela. Visitou-a em setembro de 1903 viu lá o irmão idiótico de sete anos, que lhe causou uma impressão terrível. Em dezembro sonhou que estava presente ao enterro dele. Mais ou menos nessa mesma época a criança morreu. Impossível determinar datas mais exatas. No sonho ele estava parado ao lado de Marie Steiner incutindo-lhe ânimo. [Urubu[54], como a irmã mais velha o chamou. Ele não cessa de matar pessoas para então poder se insinuar.][55] Contraste entre o amor cego da mãe pelo filho idiótico e seu comportamento antes do nascimento dele. Conta-se

---

52. Anotado na vertical, acima e abaixo do traço, respectivamente: "onanismo", "dente". (N.T.)
53. Ver adiante o sonho com o dente, p. 248. (N.E.)
54. Ver acima, p. 178, nota 25. (N.E.)
55. Colchetes de Freud. (N.E.)

que causou a enfermidade da criança por espartilhar-se com muita força, pois tinha vergonha do temporão. –

Durante [sua] estadia em Salzburgo perseguia-o constantemente a realização de notáveis previsões. O homem que ele ouviu na hospedaria falando sobre roubo com a garçonete, o que ele tomou como oráculo de que o veria outra vez como criminoso.[56] Isso aconteceu de fato alguns meses depois, quando ele foi casualmente transferido para o departamento penal. – Então em Salzburgo encontrar na ponte pessoas em quem tinha pensado um momento antes (irmã já lhe deu a explicação da visão indireta[57]). – Pensa casualmente em cena de Trieste, onde esteve com irmã na biblioteca pública e ali começou a conversar um senhor que falava muito tolamente e lhe disse: O senhor ainda está no tempo dos *Flegeljahre* literários de J. Paul.[58] Na biblioteca circulante de Salzburgo uma hora depois *Flegeljahre* foi um dos primeiros livros que lhe caíram na mão (não o primeiro, uma hora antes ele já tinha intenção de ir à biblioteca e por isso pensou na cena de Trieste).

Julgou-se um visionário em Salzburgo, mas nunca eram casualidades que tinham importância, e nunca coisas que tinha esperado, sempre coisas indiferentes.

---

56. Anotado à margem, verticalmente: "superstição". (N.T.)
57. Isto é, pelo uso das regiões periféricas da retina. (N.E.)
58. *Flegeljahre. Eine Biographie*, de Jean Paul (1763-1825). (N.E.) O título de Jean Paul poderia ser traduzido como "anos de grosseirão", expressão que alude ao período da adolescência, em que a pessoa muitas vezes se comporta grosseiramente. (N.T.)

(História de Marie Steiner é intercalada entre duas histórias com as irmãs.)[59] Notável a imprecisão de seus pensamentos obsessivos, mais nítidos no sonho.][60]

18/X Dois sonhos, diretamente relacionados a crises.[61] Uma vez já lhe teria ocorrido ideia de não mais se lavar, na forma que eram costumeiras suas proibições: Que sacrifício estou disposto a fazer para que... Mas rejeitou isso sumariamente. Então [às minhas perguntas, respondeu: Até a puberdade ele fora na verdade um porcalhão, depois tornou-se extremamente asseado, fanaticamente asseado com a doença, e mais exatamente em conexão com seus mandamentos].[62] Então foi passear com a dama certo dia – acredita estar contando algo que não tem valor. A dama cumprimentou um senhor, médico, em todo o caso de modo muito amistoso, amistoso demais, confessou ter ficado um tanto ciumento, também falou disso. Na casa da dama jogaram cartas, ele ficou triste à noite teve sonho pela manhã.

VIII. Ele está com a dama, ela é muito gentil com ele; ele lhe conta suas ideias obsessivas e a proibição envolvendo as irmãs[63] japonesas, cujo sentido é que não pode se casar nem manter relações sexuais com ela. Mas isso é

---

59. Anotado à margem, verticalmente: "superstição". (N.T.)
60. Colchete de Freud; falta o colchete inicial. (N.E.)
61. Ver acima, p. 187. (N.E.)
62. Colchetes de Freud. (N.E.)
63. Lapso de Freud, que escreve *Schwestern* [irmãs] em lugar de *Schwertern* [espadas]. (N.E.)

uma imbecilidade, diz ele, da mesma forma poderia vir a proibição de que eu não devesse mais me lavar. Ela sorri e concorda com a cabeça. Ele compreendeu no sonho que ela concordava que ambas as coisas eram absurdas; mas ao despertar lhe ocorreu que ela queria dizer que ele não precisava mais se lavar. Foi acometido por uma emoção terrível bateu a cabeça contra a borda da cama.[64] Tem a impressão de que haveria um nó sangrento em sua cabeça, nessas ocasiões já teve ideia de fazer na cabeça um buraco em forma de funil para que o doentio saísse de seu cérebro, isso já seria substituído de alguma forma. De resto, não compreende o estado. Eu soluciono: *funil de Nuremberg*[65], *o que de* fato era fala constante do pai. Ele também dizia com frequência *o nó já irá* desatar-se para ti.[66] Interpreto para ele: raiva, vingança contra a dama por causa de ciúme, relação com o motivo, por ele tão menosprezado, durante o passeio. Ele confirma a raiva contra o médico, não compreende [o] resto[, a] luta quanto a casar-se com ela. Teve contudo sentimento de libertação no sonho (libertação dela, penso eu).

De resto, ele adiou o mandamento de não lavar-se e então não o cumpriu. Essa ideia foi substituída por toda sorte de outras: em primeiro lugar cortar a garganta.

---

64. Anotado à margem, verticalmente: "figuração". (N.T.)
65. Suposto método de aprendizado em que o estudante não precisaria se esforçar, mas o conteúdo lhe seria introduzido na cabeça por meio de um funil. (N.T.)
66. "Desatar o nó": expressão idiomática com o sentido de "compreender". (N.T.)

27/X Complementos. Enquanto ele criar dificuldades para mencionar o nome da dama [sua] narrativa é incoerente.

Algumas coisas a destacar.

Em junho de 1907 ele esteve à noite na casa do colega Braun, cuja irmã, Adela, tocou música e muito o cortejou. Ele estava bastante abatido e pensou muito no sonho com as espadas japonesas. A ideia de casar-se com a dama se a *outra* não estivesse aí.

À noite, sonho: Gerda (sua irmã) está muito doente, ele chega à sua cama, Braun o confronta: Só podes salvar irmã pela renúncia a todo gozo sexual. Ao que ele diz (para sua vergonha, espantado): a todo gozo.

Braun está interessado em sua irmã, certa vez meses atrás a trouxe para casa quando ela passou mal. Ideia só pode ser esta: se ele se casasse com Adela, o casamento de Gerda com Braun decerto também seria provável. Assim, sacrifica-se por ela. No sonho ele se coloca em situação coercitiva para ser obrigado a casar-se. Nítidas a oposição à sua dama, a tentação à infidelidade. Ele teve relações homossexuais com Braun quando tinha catorze anos, contemplação mútua do pênis.

———

Em Salzburgo, em 1906, durante o dia, ideia: Se a dama dissesse tu precisas renunciar a todo gozo sexual até casares comigo, será que ele faria juramento? Uma voz nele diz que sim. [[67] No inconsciente, juramento de

---
67. Colchete inicial de Freud, que não o fechou. (N.E.)

abstinência. Um sonho à noite. Ele noivou com a dama e quando ela caminha de braço dado com ele, ele diz extremamente feliz: Nunca teria suspeitado que isso se realizasse tão cedo. (Refere-se com isso à compulsão à abstinência, o que é bastante notável e correto, confirma minha concepção acima.) Nesse momento, ele vê que a dama faz uma cara como se o noivado em nada lhe dissesse respeito. Com isso sua felicidade se desvanece. Ele diz a si mesmo: Estás noivo e nada feliz. Inclusive afetas algo de felicidade para te convenceres dela.

Depois que o levei a revelar o nome Gisa Hertz e todas as relações, a narrativa se torna clara e sistemática. A precursora [foi] Lise O., uma outra Lise, (II).[68] Mas ao mesmo tempo ele sempre tem vários interesses assim como várias séries sexuais (partindo da pluralidade das irmãs):

Vinte anos. Sonho. Ele fala com Lise II sobre um tema abstrato, de repente desaparece a imagem onírica e diante dele está grande máquina composta de número gigantesco de engrenagens, de modo que ele fica admirado com complexidade.[69] – Refere-se ao fato de essa Lise sempre ter lhe parecido muito complicada em comparação com Julie[70], que na época ele também venerava e que acabou de morrer.

---

68. A referência à "outra Lise" encontra-se mais adiante, à p. 203. (N.E.)
69. Anotado à margem: "verão de 1898". (N.T.)
70. Isso não pode se referir à irmã de mesmo nome do paciente, visto que ela ainda vivia no momento da análise (ver adiante, p. 246). (N.E.)

Então pormenorizadamente história da sua relação com sua dama. No dia após a recusa dela o seguinte sonho: Dezembro de 1900. Atravesso a rua. No caminho há uma pérola; quero abaixar-me para recolhê-la e sempre que quero me abaixar ela desaparece. A cada dois três passos ela reaparece. Digo a mim mesmo: Sim, afinal não tens permissão.[71] Explica a si mesmo essa proibição [pelo] fato de que seu orgulho o proibiria, pois ela o rejeitou uma vez. Na realidade, poderia se tratar de uma proibição da parte do pai, que se estende desde a infância até o casamento. Então ele também realmente encontra observação do pai que soa parecida: *Não sobe com tanta frequência. Tu te tornarás motivo de piada* – uma outra expressão de recusa. A propósito do sonho.[72] Vira pouco antes na cidade um colar de pérolas do qual pensou que se tivesse dinheiro iria comprá-lo para ela. Pérola de moça ele diz para ela com frequência, uma expressão que lhes é usual. Para ele, pérola também serve a ela como uma preciosidade escondida, que primeiro precisa ser procurada na concha.

Suspeita de que ele chegou à sexualidade a partir das irmãs; talvez não por conta própria, seduzido.

Suas falas oníricas não precisam se referir a falas reais, *as ideias inconscientes na qualidade de vozes interiores têm o valor de falas reais que ele ouve apenas no sonho*.[73]

---

71. Anotado à margem, verticalmente: "proibição do pai". (N.T.)
72. Anotado à margem, verticalmente: "sonho". (N.T.)
73. Sobre falas no sonho, ver também a versão publicada, acima, p. 118. (N.E.) Anotado à margem, verticalmente: "falas no sonho". (N.T.)

Avó de sua dama adoeceu daquela vez de prolapso retal.⁷⁴

27/X O ataque irrompeu na sequência de uma queixa do tio enviuvado: Eu vivi só para esta mulher, enquanto outros maridos se divertem fora. Ele pensou que o tio se referira ao pai. Só que isso não lhe ocorreu de imediato, e sim apenas alguns dias mais tarde. Quando falou a respeito com a "dama", ela riu dele e numa outra ocasião, na sua frente, soube dirigir ao pai dele a conversa com o tio, que então o elogiou desmedidamente. Mas fazer isso não lhe bastou; algum tempo depois ele precisou confrontar o tio e perguntar-lhe diretamente se tinha se referido ao seu pai, o que o tio contestou com espanto. Ele se admira tanto mais com esse acontecimento pelo fato de que não teria de forma alguma levado o pai a mal se este tivesse dado escapadelas, por exemplo. A propósito disso, uma observação meio brincalhona da mãe sobre a época em que o pai teve de morar em Pressburg e vinha a Viena apenas uma vez por semana. [Da primeira vez essa ligação característica esteve ausente da narrativa.]⁷⁵ – Singular acaso em seus estudos para o II exame oficial do Estado. Ele deixou de fora apenas dois trechos de quatro páginas cada e precisamente isso entrou no exame. Então, no estudo para o terceiro, sonho profético.⁷⁶ Durante o estudo para o terceiro, verdadeiro começo da devoção e fantasias que lhe mostravam o pai

---

74. Ver acima, p. 177. (N.E.)
75. Colchetes de Freud. (N.E.)
76. Ver adiante, p. 198. (N.E.)

ainda em ligação com ele. À noite abriu a porta que dava para o corredor na convicção de que pai estaria parado lá fora. Na época suas fantasias se ligavam diretamente a essa lacuna do sabível.[77] Por fim ele se recompôs, combateu a si mesmo com o argumento racional sobre o que diria o pai a respeito de seu agir se ainda estivesse vivo. Só que tal não lhe causou impressão, apenas a forma delirante do argumento, de que mesmo no além o pai poderia sofrer danos devido a suas fantasias, pôs termo a isso.

As ideias obsessivas surgidas durante o estudo para o III[º exame], de fazer o exame sem dúvida em julho, parecem estar relacionadas com a esperada chegada de X. vindo de Nova York, um tio da dama de quem ele tinha um ciúme terrível. Talvez inclusive com a suposta e posteriormente confirmada viagem da dama aos Estados Unidos.

29/X Comunico-lhe suspeita de que sua curiosidade sexual se inflamou com as irmãs. Um resultado imediato. *Recorda-se que percebeu a diferença entre os sexos pela primeira vez ao ver a falecida Katherine (cinco anos mais velha) sentada no penico ou algo assim.*

Relata sonho de quando estudava para o III[º exame]: A cada terceiro quarto exame Grünhut[78] costumava fazer uma pergunta bem específica a respeito de letras de câmbio domiciliadas, e quando a pessoa respondia

---

77. Anotado à margem, verticalmente: "figuração [da] superstição", "sonho". (N.T.)
78. Professor de direito na universidade de Viena. (N.E.)

Anotações originais sobre um caso de neurose obsessiva

ele continuava perguntando: E qual é a razão dessa lei? A isso se devia responder: Para se precaver das chicanas do sacador da letra de câmbio. Ele sonhou exatamente isso, mas então disse: Para se precaver das *shiksas*[79] etc. Uma piada que ele igualmente poderia ter feito quando acordado.

Seu pai não se chamava David, e sim Friedrich.

Adela não era a irmã de Braun, a ideia do duplo casamento não se aplica.

8 de novembro. Sofreu muito com vermes quando criança[80], provavelmente esgaravatava o ânus e foi um grande porco como seu irmão, agora é extremamente asseado.

Antes de adormecer, fantasiou que, casado com prima[81], beijaria seus pés, porém estes não estão limpos, mas mostram estrias pretas (o que lhe é bastante medonho). Ele próprio não pôde se lavar tão cuidadosamente naquele dia e observou isso em si. Tal coisa ele imputa à amada. À noite, sonhou que lambia os pés da amada, mas eles estavam limpos, o que é um desejo onírico. A perversão é exatamente a mesma como ela é conhecida positivamente.

O fato de ele ser especialmente excitável pelo bumbum depreende-se do fato de responder brincando à pergunta da irmã sobre onde a prima o agrada: No bumbum.

---

79. Expressão iídiche para designar moças não judias. (N.E.)
80. Ver acima, p. 107. (N.E.)
81. Sua dama. (N.E.)

A costureira que ele beijou hoje excitou inicialmente sua libido quando, ao curvar-se para a frente, os contornos de seu traseiro se salientaram com especial nitidez.

Adendo à aventura dos ratos. O capitão Novak disse que essa tortura deveria ser aplicada a alguns deputados. Então lhe veio esta ideia, que ele[82] apenas não mencione a Gisa agora e para seu susto ele mencionou logo depois o dr. Hertz[83], o que mais uma vez lhe pareceu funesto. Na realidade, sua prima se chama Hertz e ele logo pensou que o nome Hertz o faria pensar em sua prima, também reconhece isso. *Ele busca isolar sua prima de tudo o que é sujo.*

Padece de obsessão sacrílega tal como as freiras. Um sonho se relaciona com os xingamentos brincalhões da parte de seu amigo V., filho da puta e filho de um macaco zarolho [1001 noites].[84] – Com onze anos iniciação nos segredos da vida sexual por intermédio de um primo, a quem agora odeia terrivelmente, e que lhe descreveu todas as mulheres como putas, também sua mãe e irmãs, de modo que lhe respondeu com pergunta: Acreditas o mesmo da tua mãe?

11 de novembro. Durante doença da prima (dores de garganta e problemas para dormir) na época em que a terna compaixão estava mais forte, quando ela estava

---

82. Capitão Novak. (N.E.)
83. Nome de uma personalidade então conhecida na Áustria. (N.E.)
84. Colchetes de Freud. (N.E.)

deitada no sofá ideia súbita: "*É assim que ela deve ficar, sempre deitada*".[85] Ele a interpreta como doença constante que o aliviaria, de modo a livrar-se do medo dessa doença. Ardiloso mal-entendido! Pelo que ensinam as coisas narradas anteriormente, relaciona-se com o desejo de vê-la indefesa, pois ela ofereceu resistência ao amor dele mediante a recusa, e corresponde aproximadamente a uma fantasia necrófila que ele teve certa vez de forma consciente, mas que não se atreveu a ir além da contemplação do corpo inteiro.

Ele consiste de três personalidades, uma humorística, normal, uma ascética, religiosa, e uma viciosamente perversa.[86]

Os necessários mal-entendidos do inconsciente pelo consciente, ou antes, a distorção da censura aplicada ao desejo inconsciente.

– Os pensamentos híbridos disso resultantes –

17 de novembro. Até agora período de melhora, jovial livre ativo torna-se agressivo contra uma moça, costureira. Boa ideia de que sua inferioridade no fundo mereça ser punida pela doença. Então vêm confissões relações com as irmãs; repetidas agressões contra a imediatamente mais nova Julie, que recaem após a morte do pai, poderiam ser elas que explicam sua mudança doentia – ele diz que certa vez já cometera uma transgressão.

---

85. Anotado à margem, verticalmente: "relação com a dama". (N.T.)
86. Anotado à margem, verticalmente: "dissociação". (N.T.)

Certa vez sonhou que copulava com Julie depois grande remorso pavor de que teria quebrado seu juramento de manter-se longe dela. Contente ao acordar por ter sido apenas um sonho. Depois vai ao quarto onde ela dorme e bate em seu bumbum sob o cobertor. Não compreende isso só consegue compará-lo com o onanismo suscitado pelo trecho de *Poesia e verdade*.[87] Disso extraímos conclusão de que aquele castigo do pai[88] se relacionava com uma transgressão cometida contra as irmãs. Mas com o quê? Com algo puramente sádico ou já nitidamente sexual? Contra mais velha ou mais nova? Julie é três anos mais nova que ele, as cenas buscadas recaem entre os três e os quatro anos, portanto ela dificilmente poderia ser cogitada. Então a falecida irmã Katherine?

Sua sanção, de que então aconteceria algo ao pai no além, deve ser simplesmente compreendida como elipse. *Isto é: Se o pai ainda estivesse vivo e soubesse disso ele me castigaria outra vez e eu seria outra vez tomado pela fúria contra ele que leva à sua morte no caso de meus afetos serem onipotentes. Ou seja, algo do tipo: Se o Kraus*[89] *ler isto, receberá uma bofetada.*[90]

Contra irmã mais nova, fazia poucos anos, de manhã quando ela dormia no quarto dele, [ele a tinha]

---

87. Ver acima, p. 181. (N.E.)
88. Ver acima, p. 184. (N.E.)
89. Karl Kraus, editor do periódico vienense *Die Fackel* [A tocha]; ver acima, p. 121. (N.E.)
90. Anotado à margem deste parágrafo, verticalmente: "elíptico". (N.T.)

descoberto, de modo que se via tudo. Então a mãe avança como empecilho à atividade sexual dele tal como assumira esse papel desde morte do pai, protegeu-o da sedução benevolente de uma empregada, Lise. Contra esta ele se exibe certa vez engenhosamente durante o sono ao adormecer nu esgotado após um ataque de doença. Quando a empregada falou com ele cedinho, perguntou-lhe com desconfiança se ele não tinha rido durante o sono. Ele tinha rido, e mais exatamente por causa de um belíssimo sonho em que aparecia a prima. Admite que fora uma encenação. Em anos anteriores ele se exibia sem cerimônias, ainda aos treze anos diante de Lina, que retornara à casa por breve tempo, com fundamento correto de que ela o conhecia muito bem desde a primeira infância (dos seis aos dez anos na casa da família).

18 de novembro. Entra na neurose de sua prima, que para ele se torna nítida na qual desempenha papel o padrasto dela que entra em cena aos doze anos. Ele [é] oficial, belo homem, agora separado da mãe. Gisa trata-o muito mal quando ele vem certa vez de visita e ainda busca conquistar sua tolerância. Os detalhes relatados deixam pouca dúvida de que esse homem atacou sexualmente a criança, mas que algo na criança vinha ao seu encontro e que ela não conhecia, o amor transferido do próprio pai de quem sentia falta desde os seis anos. Assim, é como se a situação entre os dois estivesse congelada.

Ora, ele próprio parece ter sabido disso: Já não lhe fora extremamente desagradável durante o exercício militar que o capitão N. mencionasse certa vez o nome de uma mulher, Gisela Fluss (!!!)[91], como se ele não quisesse qualquer contato entre Gisa e um oficial? Um ano antes ele tivera sonho singular com tenente bávaro que é rejeitado como pretendente por Gisa. Isso aponta para Munique[92] e sua relação com a garçonete, mas não há outra pista que conduza ao tenente, e um adendo sobre o ordenança do oficial também vai somente até o padrasto tenente.

21 de novembro. Admite que pode ter conjecturado algo parecido quanto à prima. Esteve muito jovial, teve recaída no onanismo, que nem sequer o afetou muito (período de latência intercalado).[93] No início do onanismo tem ideia de graças a isso dano a uma pessoa amada, prima, por isso pronuncia uma *fórmula de proteção* que criou do *modo conhecido*[94] *por meio de extratos* de diversas *orações breves* e que dotou do *amen* [amém] isolador. Nós a examinamos, ela diz

> *Glejisamen*
> *gl* = *glückliche* [feliz], isto é: *beglücke* [faz feliz]
> *l* = também: *alle* [todos]

---

91. Durante sua época de ginásio, Freud estivera apaixonado por uma moça com esse mesmo nome; por isso as exclamações. (N.E.)
92. Capital do estado alemão da Baviera. (N.T.)
93. Anotado à margem, verticalmente: "substituto do onanismo". (N.T.)
94. Ver acima, p. 179. (N.E.)

e = esquecido
j = *jetzt und immer* [agora e sempre]
(*i* se acha incertamente ao lado)
s = esquecido[95]

Agora está claro que essa palavra surgiu de Gisela ⤶s⤴amen, que ele une seu esperma [*Samen*] com o corpo da amada, isto é, masturba-se de maneira inteiramente comum com a ideia dela.

Ele fica naturalmente convencido e acrescenta que por vezes a fórmula de fato se apresentou a ele de modo secundário como

Giselamen,

mas que vira nisso uma aproximação ao nome da amada (mal-entendido invertido).

Ele chega no dia seguinte com o mais profundo mau humor, quer falar de coisas indiferentes, mas logo admite que está numa crise. A coisa mais horrenda teria lhe ocorrido ontem ao andar de bonde, algo absolutamente impossível de se dizer. Diz que sua recuperação não valeria o sacrifício, que eu o expulsaria, pois se trata de transferência. Como é que eu toleraria isso? Entretanto, fracassam todas as explicações sobre transferência, que de modo algum lhe soam estranhas; apenas depois de

---

95. Anotado à margem, verticalmente: "fórmula de proteção". (N.T.)

quarenta minutos de luta, segundo minha impressão, somente quando revelo seu motivo de vingança contra mim e lhe mostro que com o silêncio e a renúncia ao tratamento ele se vinga ainda mais toscamente do que com o falar, ele dá a entender que se trata da minha filha. Então a hora chega ao fim.

Ainda bastante difícil, após luta, afirmação de que minha asseveração de que eu reconduziria tudo a ele parece ser medo de minha parte, ele entrega a primeira das ideias.

a) Um traseiro feminino nu, lêndeas, larvas de piolhos nos pelos.

Fonte. Uma cena esquecida, ignorada na confissão, com irmã Julie, que após as correrias se jogou de tal modo para trás na cama que ele teve essa visão frontalmente, sem piolhos, é claro. A propósito deste último elemento ele confirma minha conjectura de que a palavra "lêndea" indica que algo semelhante ocorreu certa vez há muito tempo no quarto das crianças.

Motivos são claros: punição pelo prazer sentido com a visão, *ascese que recorre à técnica do causar nojo*, raiva contra mim por obrigá-lo a isso, daí a transferência: Entre os filhos do senhor certamente acontecerá o mesmo. [Ele ouviu falar de filha e sabe que tenho filho; talvez fantasia de tornar-se infiel a Gisa com essa filha, e punição por isso.][96]

---

96. Colchetes de Freud. (N.E.) Anotado à margem, verticalmente, de modo a abranger este parágrafo e o precedente: "nojo", "ascese". (N.T.)

Após tranquilização e breve luta, o segundo começo ainda mais difícil de toda uma série [de ideias], mas que lhe causam outra impressão. Ele reconhece que aí não precisou da transferência, mas que após o efeito da primeira tudo teria se lançado na transferência.

[b]) Corpo nu de minha mãe, duas espadas cravadas lateralmente no peito (como decoração, diz ele depois, à maneira do motivo de Lucrécia[97]). O abdome e em especial os genitais completamente devorados por mim [e pelas] crianças.[98]

Fonte fácil: a avó da prima (da própria avó ele mal se recorda). Ele entrou certa vez no quarto quando ela se vestia e ela gritou. – Eu: ele provavelmente esteve curioso de ver o corpo dela. A propósito disso, relata sonho de uma época em que achava prima muito velha para ele: prima o teria levado até a cama da avó, desnudado seu corpo e genitais e lhe mostrado como ela ainda era bonita aos noventa anos (realização de desejo). As duas espadas são as espadas japonesas de seu sonho: casamento e coito.

O sentido é claro, ele se deixou enganar por uma metáfora. *Conteúdo é a ideia ascética de como a beleza de uma mulher seria <u>consumida</u> por relações sexuais e parto de filhos!* Desta vez, ele próprio ri.

c) Um de seus secretários do tribunal, um sujeitinho sórdido, ele o imagina nu e uma mulher lhe fazendo

---

97. Conforme a lenda romana, Lucrécia, uma patrícia, apunhalou-se após ter sido desonrada por Sexto Tarquínio, filho do rei romano Tarquínio, o Soberbo. (N.E.)
98. Anotado à margem, verticalmente: "sonho de nudez". (N.T.)

minete.⁹⁹ Novamente minha filha! O sujeitinho sórdido é ele próprio. Afinal, ele quer se tornar secretário logo a fim de casar-se. Ouviu falar com repulsa do minete, só que com a moça de Trieste chegou certa vez a subir junto ao corpo dela de tal modo que com isso lhe dava sinal para fazê-lo nele, o que não aconteceu. Repito minha conferência do último sábado sobre as perversões.

22 de novembro. Jovial, mas fica abatido quando o levo de volta ao tema.¹⁰⁰ Nova transferência: Minha mãe morreu. Ele quer prestar condolências, mas receia que nisso surgirá nele o *riso* impertinente que já tivera repetidas vezes *em casos de morte*. Por isso, *prefere escrever um cartão com p.c.* e isso se transforma *em p.f.*¹⁰¹

O senhor nunca pensou que sairia de todos os conflitos com a morte de sua mãe, visto que poderia se casar? O senhor está se vingando de mim, diz ele. – O senhor me obriga a isso ao querer vingar-se de mim.

De resto, ele confirma que *seu andar para cá e para lá pelo aposento durante essas confissões corresponde ao medo de ser espancado por mim*. Ele justificou isso com tato, alegando que não poderia me dizer coisas tão medonhas enquanto estivesse confortavelmente deitado. De resto, ele bate em si mesmo durante as confissões ainda dificultadas.¹⁰²

---

99. Felação. (N.E.)
100. Anotado à margem, verticalmente: "sonho transformado oposto". (N.T.)
101. Abreviaturas de *pour condoler* e *pour féliciter*. (N.E.)
102. Anotado à margem, verticalmente: "transferência". (N.T.)

Agora o senhor me *expulsará*. Trata-se de uma imagem em que eu e minha esposa estamos deitados na cama, entre nós uma criança morta. Ele sabe a origem. Quando menininho (período indeterminado, talvez cinco, seis anos) esteve deitado desse modo entre pai e mãe e molhou a cama, ao que pai o espancou e expulsou. A criança morta só pode ser irmã Katherine, ele deve ter lucrado com sua morte. Segundo ele confirma, a cena foi depois da morte dela.

Seu gestual enquanto isso é o de um desesperado e de alguém que quer se proteger de golpes desmedidos, apoia cabeça nas mãos, sai correndo, cobre rosto com braço etc. Confirma que o pai era colérico e então não sabia o que fazia.[103]

Outra ideia horribilíssima. Ele faz com que eu lhe traga minha filha ao aposento para que ele a lamba, e diz: Que entre o *Miessnik*.[104]

A propósito disso, relato sobre seu amigo que quer posicionar canhões contra o café que ele frequenta, mas antes quer salvar o garçom honesto e muito feio ordenando-lhe: Fora *Miessnik!*

Ele foi o *Miessnik* em relação ao irmão mais novo.[105]

De resto, brincadeira com meu nome: *Freudenhaus--mädchen*.[106]

---

103. Anotado à margem, verticalmente: "gestual". (N.T.)
104. Xingamento iídiche, mais ou menos com o sentido de sujeito medonho, alguém que é feio e arruína [*mies macht*] a vida alheia. (N.E.)
105. Ver, por exemplo, p. 175. (N.E.)
106. Duplo sentido: "moça da casa das alegrias" (termo eufemístico/humorístico para "prostituta") e "moça da casa de Freud". (N.T.)

23/XI. Consulta seguinte preenchida pela mais horrenda transferência, face a cuja comunicação ele cria imensas dificuldades. Minha mãe assiste desesperada enquanto todos os seus filhos são enforcados. Lembra-me predição do pai de que ele será um grande criminoso.[107] Mas não consigo atinar com o que ele alega como motivação. Ele diz saber que em minha família ocorreu certa vez uma grande desgraça, um irmão que era garçom cometeu homicídio em Budapeste e foi executado. Solto uma gargalhada, de onde ele sabe isso e assim desmorona todo o seu afeto. Seu cunhado, que conhece meu irmão, teria lhe comunicado isso como prova de que educação não seria absolutamente nada, predisposição, tudo. O cunhado gostava de fazer deduções e encontrara a notícia num velho número do *Presse*.[108] Sei que se trata de Leopold Freud o assassino da ferrovia, quando eu estava no terceiro ou quarto ano de escola, asseguro-lhe que nunca tivemos parentes em Budapeste. Ele [fica] aliviado [e] admite que por isso já viera no começo com certa desconfiança.

25/XI Ele tinha pensado que se *havia ímpetos assassinos na família*, eu me *lançaria sobre ele feito um animal de rapina* a fim de descobrir o que nele havia de ruim. Com total facilidade e jovialidade ele relata hoje que seu cunhado sempre faz tais deduções, mas logo encontra a explicação de que não esqueceu a mácula que pesa sobre sua família, pois seu pai fugira para os Estados Unidos

---

107. Ver acima, p. 185. (N.E.)
108. *Die Presse*, diário vienense. (N.E.)

devido a dívidas fraudulentas e acha que por isso ele não se tornou professor de botânica na universidade. Um momento depois ele também encontra razão de toda a hostilidade contra minha família. Irmã Julie dissera certa vez que *Alex*[109] *seria o marido certo para prima Gisa*, daí a raiva! [Analogamente no caso dos oficiais.][110]

Então um sonho. Ele está parado sobre colina com um canhão que ele aponta para uma cidade que se enxerga dali por trás de muitos anéis horizontais de muralhas. Ao lado dele o pai, e eles discutem de que época deve provir a cidade, se é do antigo Oriente ou alemã medieval. (Pois, afirma, é certo que ela não é totalmente real.) Então as muralhas horizontais se transformam em verticais, que assomam nas alturas como aros de barbante e ele quer demonstrar algo neles, mas o barbante não é rígido o bastante e desmorona vez após vez: adendo, análise.

26/XI Ele interrompe análise de sonho para comunicar transferência.

Uma série de crianças está deitada no chão e ele vai até cada uma delas e lhes mete na boca. Uma delas, meu filho (seu irmão, que aos dois anos comeu seus excrementos) ainda tem borda marrom em volta da boca e se lambe como se fosse algo muito bom. Então modificado: Sou eu e faço isso com minha mãe.

Lembra-o de fantasia em que ele pensou de prima malcriada que ela não era digna de que Gisa lhe fizesse

---

109. Alexander (1866-1943), irmão de Freud. (N.E.)
110. Colchetes de Freud. Ver acima, p. 203. (N.E.)

na boca e a imagem então se inverteu. Há orgulho e alta estima por trás disso. Recorda-se a propósito que o pai gostava de ser grosseiro e apreciava muito palavras como *cu e cagar*, o que sempre horrorizava mãe. Ele tentou certa vez copiar pai, o que levou a uma infâmia inexpiada. Ele era um grande porcalhão e por isso mãe decidiu certa vez lavá-lo meticulosamente quando tinha onze anos de idade. Ele chorou de vergonha e disse: Onde ainda queres me esfregar? Talvez no cu. Isso teria lhe rendido violentíssimo castigo do pai se mãe não o tivesse salvo.

O orgulho familiar, que ele confirma rindo, provavelmente faça parte dessa alta estima. No fundo, só os Lorenz são agradáveis, dissera uma irmã. Seu cunhado mais velho atinou com isso e troça a respeito. Diz que lamenta ter de desprezar os cunhados precisamente por causa de suas famílias (contraposição de seu pai aos pais de ambos os cunhados). Pai era primo irmão da mãe, ambos de situação muito simples, e ele costumava exagerar de modo humorístico a situação da juventude deles. O ódio a mim era portanto caso especial de ódio aos cunhados.

Ontem, após auxílio a epiléptico, receou ter acesso de raiva, esteve furioso com sua prima e a magoou por meio de várias alusões. De onde a raiva? Então chorou convulsivamente diante dela e irmã.

Além disso, novo sonho.[111]

Vinte e nove anos. A mais esplêndida fantasia anal, na qual ele está deitado de costas sobre moça (minha filha)

---

111. Anotado à margem, verticalmente: "sonho anal". (N.T.)

e a possui sexualmente com as fezes que pendem do ânus. Relaciona-se diretamente com Julie, a quem disse: [Em] ti nada me seria asqueroso. À noite, lutou luta difícil, não sabe qual. *Verifica-se: questão de saber se deve se casar com minha filha ou com prima* e essa hesitação pode ser explicada facilmente por sua hesitação entre duas irmãs.

Fantasia de que se ganhasse o primeiro prêmio [poderia] casar-se com prima e cuspir na minha cara, isso revela que eu o desejo como genro. – Provavelmente ele foi um lactente que retinha as fezes.

Hoje ele recebeu um convite para encontro, logo pensou: ratos. A propósito disso, verifica-se que quando viu pela primeira vez tenente D., o padrasto, ele contou história de como quando garoto disparava contra tudo o que era vivo [com uma] pistola Flaubert[112], dando um tiro na própria perna ou na do irmão. Lembrou-se disso em visita posterior quando viu grande rato, mas o tenente, não. Ele está sempre dizendo: vou te matar à bala. Capitão Novak deve tê-lo lembrado de D., especialmente porque ele próprio serviu no regimento em que D. estivera e este disse: Agora eu deveria ser capitão. – Outro oficial pronunciou o nome Gisela, o capitão Novak, o nome Hertz.[113] – Mas D. é sifilítico e por isso o casamento se desfez, a tia ainda agora [tem] medo de estar infectada. *Ratos* significa *medo da sífilis.*

---

112. Isto é, "Flobert"; trata-se de um tipo de arma leve criada pelo francês N. Flobert (1819-1894). (N.T.)
113. Ver acima, p. 200. (N.E.)

29/XI. Aborreceu-se muito com seus amigos por causa de assuntos de dinheiro (garantias etc.). Afirma que lhe seria muito desagradável se as coisas desembocassem no dinheiro. "Ratos" tem especial relação com *dinheiro*. Ao emprestar ontem dois florins da irmã, pensou: *Cada florim – um rato*.[114] – Quando na primeira conversa lhe comuniquei a estipulação dos honorários, ele disse a si mesmo: Para cada coroa, um rato para os filhos. Bem, ratos [*Ratten*] significa-lhe realmente... prestações [*Raten*]. Ele não diferencia as pronúncias[115], fundamenta isso alegando que *rătum*, de *reor*[116], é breve e certa vez foi repreendido por jurista quanto ao fato de *Ratten* e *Raten* não serem a mesma coisa.[117] Um ano antes ele tinha dado uma garantia para um amigo que tinha de pagar uma soma em vinte prestações e fez o credor lhe prometer que o informaria de cada data de vencimento para que ele não fosse intimado, conforme constava no contrato, a pagar de uma só vez. Assim, *dinheiro e sífilis* confluem em ratos. Agora ele paga com ratos. – *Moeda dos ratos*.

Da parte da sífilis, outra coisa: ao que parece, a ideia do *roer e devorar da sífilis* lembrara os ratos. A propósito disso, ele de fato traz várias fontes, em especial de seu período de serviço militar, quando isso fora dito (ana-

---

114. Anotado à margem, verticalmente: "ratos – dinheiro". (N.T.)
115. O "a" de *Ratte* é breve, e o de *Rate*, longo. (N.T.)
116. Refere-se ao nexo etimológico da palavra *Rate* [prestação] com o verbo latino *reor* (pensar, acreditar, julgar), ou antes, com o adjetivo *ratum* (calculado, computado). (N.E.)
117. Anotado à margem, verticalmente: "sífilis". (N.T.)

logamente à transferência dos genitais consumidos).[118] Sempre ouvira que no exército todos eram sifilíticos (por isso susto quando oficial menciona nome Gisela).

Ora, o exército não só o lembrara de D., mas também de seu pai, que estivera muito tempo no exército. A ideia de que seu pai era ele próprio sifilítico não lhe soa tão estranha, tinha pensado nisso muitas vezes. A respeito, relatos da vida divertida do pai durante a época de exército. Pensara muitas vezes que talvez *a nervosidade de todos eles provinha de que o pai tivera sífilis.*[119]

Em relação à prima, a ideia dos ratos significa portanto: medo de que ela tenha sido infectada pelo padrasto, por trás disso, de que ela esteja doente devido ao próprio pai e por trás disso o medo correto e racional de que, como *filha de um paralítico, ela mesma esteja doente (nexo que ele conhece há anos).* Por outro lado, agora se compreende irrupção da doença após queixa do tio.[120] Tinha de ser-lhe desejo realizado que pai também fosse sifilítico para que ele nada [tivesse] a censurar à prima e pudesse casar-se com ela.

30 [de novembro]. Mais histórias de ratos, mas que ele apenas reúne, como confessado ao final, para não contar as fantasias transferenciais emergidas nesse meio-tempo, que como ele vê, significam remorso por causa do encontro que deve acontecer hoje.

---

118. Ver acima, p. 207. (N.E.)
119. Anotado à margem, verticalmente, de modo a abranger este parágrafo e o anterior: "transferência ao exército", "pai". (N.T.)
120. Ver acima, p. 197. (N.E.)

Adendo. Prima e tio X. de Nova York encontraram durante viagem de trem uma cauda de rato numa salsicha que receberam, ambos vomitaram horas a fio por isso. (Alegria pela desgraça alheia?)

Algo novo: asquerosas histórias de ratos. Ele sabe que ratos são portadores de muitas doenças infecciosas. Na Fugbachgasse[121] vista do pátio para a sala de máquinas do banho romano viu como se apanhavam ratos e ouviu que foram jogados na caldeira.[122] No mesmo lugar viviam dois gatos que faziam deplorável gritaria e certa vez ele observou trabalhador batendo objeto no saco contra o chão. Ele perguntou e soube que era um gato e que depois ele fora jogado na caldeira. Então outras crueldades que por fim arremetem contra o pai. Ao ver o gato ele tem ideia de que o pai está no saco.[123] Pai ainda servira quando existiam castigos corporais, contou que uma única vez se deixou levar a dar golpe com coronha num recruta, mas então ele caiu. Pai apostara muito na loteria, encontrou na casa de um camarada, que gastava todo o dinheiro nisso, bilhete jogado fora no qual constavam dois números apostou e fez o prêmio duplo, sacou-o durante marcha e correu atrás do pelotão com florins tilintando na cartucheira. Que ironia cruel que o outro nunca ganhou nada. Pai tinha certa vez consigo dez florins para aquisições militares jogou com camaradas e perdeu um tanto, deixou-se levar a prosseguir jogando

---

121. Rua de Viena. (N.T.)
122. Anotado à margem, verticalmente: "exército". (N.T.)
123. Anotado à margem, verticalmente: "cruel". (N.T.)

e perdeu tudo. Queixou-se a um camarada de que tinha de se matar; este disse: Sim mata-te, quem agiu assim deve se matar, mas então lhe emprestou dinheiro. O pai o procurou após sair do exército, mas não o encontrou (*Será que lhe devolveu o dinheiro?*).[124] – A mãe foi criada como filha adotiva pelos Rubensky, mas tratada muito mal; contou que um dos filhos era tão sentimental que para seu próprio endurecimento cortava a cabeça das galinhas, evidentemente apenas desculpa, ele se excitava grandemente ao fazê-lo. – Uma imagem onírica de um grande rato gordo que tinha um nome e era como um animal doméstico. Este logo o lembra de um dos dois ratos (aí, pela primeira vez, o fato de serem apenas dois) que segundo o relato do capitão Novak eram colocados no pote. De resto, ratos são responsáveis por ele ter ido a Salzburgo. Mãe contou desse mesmo Rubensky que certa vez "kosherizou"[125] gato ao metê-lo no forno e então esfolá-lo. Isso lhe causou uma sensação tão pavorosa que seu cunhado o aconselhou amistosamente a fazer algo pela saúde. Focado nos ratos, encontra-os por toda parte. Quando retornou daquela vez do exercício militar encontrou na casa do dr. Springer[126] um colega, que ele apresentou como dr. Ratzenstein.[127] Primeira encenação teatral

---

124. Anotado à margem, verticalmente: "transferência paterna". (N.T.)
125. Referente a *kosher* ("próprio", "adequado"), termo iídiche que define o preparo dos alimentos segundo a lei judaica. (N.T.)
126. O amigo mencionado acima, p. 150 e 162. (N.E.)
127. Em alemão, *Ratze* é uma variante de *Ratte*, "rato". (N.T.)

foram mestres-cantores[128], quando então ouvia David, David. Ele usou o motivo de David[129] como chamado na família. Quando agora pronuncia seu encanto Glejsamen, acrescenta desde então "sem ratos", mas imagina a palavra escrita com um T.[130] Esse material e ainda mais vem com frequência, ligado superficialmente, nexos mais profundos estão ocultos; evidentemente segundo confissão preparou--o a fim de esconder outras coisas. Parece conter a ligação de *dinheiro e crueldade* com os ratos, por um lado, com o pai, por outro lado, e provavelmente deve desembocar no *casamento do* pai. Pois ele conta mais uma história. Anos atrás, quando pai voltou de Gleichenberg[131], disse após 33 anos de casamento para a mãe que vira um número tão inacreditavelmente grande de más esposas que tinha de pedir-lhe para garantir que nunca lhe fora infiel. Frente à oposição dela, ele disse que só acreditaria se ela jurasse pela vida dos filhos, e quando ela fez isso ele se tranquilizou. Ele estima isso altamente no pai como naturalidade, assim como a confissão daqueles maus-tratos quando soldado ou daquela falta no jogo. – Coisas importantes por trás. A história dos ratos se torna cada vez mais um *ponto nodal*.

---

128. *Os mestres-cantores de Nuremberg*, ópera de Richard Wagner; um dos personagens se chama David. (N.T.)

129. David era o nome do tenente mencionado mais acima (p. 156). Freud parece supor aqui que esse também era o nome do pai do paciente, embora tivesse constatado expressamente acima, p. 199: "Seu pai não se chamava David, e sim Friedrich". Isso é confirmado mais uma vez adiante, p. 227. (N.E.)

130. Ver acima, p. 214. (N.E.)

131. Estância termal no estado austríaco da Estíria. (N.E.)

8 de dezembro.[132] Muita mudança numa semana. Grande animação graças ao encontro com costureira, que no entanto leva a coito precipitado, depois, logo ensombrecimento, que desemboca em transferência no tratamento. Durante cena com moça apenas ligeiras lembranças da sanção dos ratos. Impedimento de enrolar, com dedos que a tocaram, cigarro da cigarreira que recebeu de presente da prima, mas se opõe a tal impedimento. Mais detalhes sobre pai, suas grosserias, chamado de "sujeito ordinário" pela mãe porque costumava desafogar-se sem cerimônias. Com toda sorte de rodeios por trás da transferência no tratamento relato de uma tentação cujo significado ele parece não reconhecer. Que um parente dos Rubensky queria, tão logo ele se tornasse doutor – seriam apenas meses na época –, montar-lhe um escritório nas proximidades do Schlachtviehmarkt[133] e lá arranjar-lhe clientes. Em conexão, [estava] o antigo plano da mãe de que ele se casasse com uma filha dos Rubensky, uma moça encantadora, agora com dezessete anos. Ele não suspeita que para esquivar-se desse conflito refugiou-se na doença, rumo à qual abriram-lhe caminho a escolha infantil entre irmã mais velha e mais nova e a regressão à história de casamento do pai. Pai costumava apresentar humoristicamente sua história de cortejo, mãe zombava dele vez por outra porque outrora cortejara uma filha de açougueiro. Parece-lhe intolerável ideia de que pai talvez

---

132. Anotado à margem, verticalmente: "ensejo da doença". (N.T.)
133. Antigo mercado de animais para abate, em Viena. (N.T.)

tenha abandonado seu amor a fim de garantir seu proveito mediante ligação com R. Forma-se grande irritação contra mim, que se manifesta em xingamentos que ele só apresenta a duras penas. Acusa-me de escarafunchar o nariz, não quer me dar mão, diz que um porcalhão desses já será disciplinado, acha que meu cartão a ele, assinado com "cordialmente", é íntimo demais. Ele evidentemente se defende contra a tentação fantasística de casar-se com minha filha em lugar de sua prima, também xingamentos contra minha esposa e filha. Uma transferência declara abertamente que a esposa do prof. F. pode lamber seu cu, uma oposição à família mais nobre. Doutra vez, ele vê minha filha, que *no lugar dos olhos tem dois montes de imundície, isto é, ele não se apaixonou por seus olhos, e sim por seu dinheiro*, Emmy[134] tem olhos particularmente belos. Nos primeiros dias ele resistiu virilmente à mãe, que quis se lamentar porque no mês anterior ele gastara trinta florins da mesada em vez de dezesseis.

A propósito dos ratos falta uma contribuição que aponte para a mãe, no que fortíssima resistência parte nitidamente da mãe. Com a equiparação ratos – prestações [*Ratten – Raten*] ele zomba ao mesmo tempo do pai, que certa vez dissera a seu amigo: sou apenas um *morno* [*Laue*] em vez de *leigo* [*Laie*], o que, como todos os sinais de incultura do pai, o constrange terrivelmente. Pai fazia vez por outra tentativas de poupar junto com inícios de educação

---

134. A jovem com quem o paciente deveria se casar segundo o desejo da mãe. (N.E.) Anotado à margem, verticalmente: "transferência ao casamento". (N.T.)

espartana, mas sempre relaxava logo. Mãe é econômica no modo de vida, mas dá importância ao conforto doméstico. O modo dele de apoiar amigos secretamente é identificação com pai, que se comportava da mesma forma em relação ao primeiro sublocatário, cujo aluguel pagava, e a outros, era na verdade sobretudo um bom humorista, completamente autêntico, vigoroso, o que em regra ele sabe apreciar muito. Vergonha de seu jeito simplório-soldadesco, dado o refinamento, é não obstante bem nítida.

9/XII Jovial, apaixona-se pela moça – tagarelice – sonho com neologismo mapa do estado-maior de WłK (polonês) acompanhar amanhã. vielka = velho[135], L = Lorenz, Gl. abreviatura de Glejsamen = Gisela Lorenz.

10/XII. Sonho contado inteiramente, mas nada sabe dele, em contrapartida, algumas coisas a propósito de WłK. Minha suposição W.C. Closet não confirmada. Em contrapartida, W [estaria] numa canção da irmã "Em meu coração há uma grande dor"[136], a propósito da qual dissera com frequência achá-la muito divertida, fazia-o pensar num grande W latino.

Diz que sua fórmula defensiva contra ideias obsessivas é um veemente *Aber* [mas], nos últimos tempos (ape-

---

135. A palavra polonesa *vielka* significa na verdade "grande". (N.E.)
136. A citação do poema de Heine "O pobre Pedro" (*Livro das canções*) é um pouco diferente: "Em meu peito há uma dor". (N.E.) Em alemão, a letra *w* e a palavra *Weh*, "dor", têm a mesma pronúncia: "vê". (N.T.)

nas desde o tratamento?) a acentuação é *Abér*. Explicou isso a si mesmo dizendo que esse acento errado deveria servir para reforçar o *e* mudo, que não oferece proteção suficiente contra intromissões. Mas agora lhe ocorre que o *abér* poderia significar *Abwehr* [defesa], cujo *w* faltante se acharia em Wlk.[137]

Sua fórmula Glejsamen, na qual fixou magicamente numa hora feliz tudo o que deve valer imutavelmente, já perdura por um tempo relativamente longo, mas está exposta ao inimigo, isto é, à reversão em seu oposto, e por isso ele se empenha em encurtá-la ainda mais e – por motivos desconhecidos – a substituiu por um breve *Wie* [como].

O K corresponderia a vielka = velho, além disso o recorda do medo quando letra K[138] era arguida na escola, quando portanto seu L estava muito próximo. Corresponderia portanto a um desejo de que o K viesse depois do l; de que o l já tivesse passado.

Transferências no tratamento diminuem bastante, grande medo de encontrar minha filha. Com total ingenuidade ele conta que um de seus testículos ficou na cavidade abdominal – mas a potência é muito boa. Em sonho, foi cumprimentado por um grão-mestre da Ordem Teutônica[139], que levava a insígnia apenas num

---

137. Anotado à margem, verticalmente: "fórmula de proteção". (N.T.)
138. Isto é, alunos cujos sobrenomes começavam com K. (N.E.)
139. Ordem hospitalar e militar austríaca, fundada em 1128 pelos cruzados alemães. (N.T.)

dos lados, o direito, onde também já pendia uma das três estrelas. A propósito disso, a analogia com operação da prima.[140]

12 de dezembro. Transferências imundas persistem, mais são anunciadas. Ele se revela como um farejador que na juventude era capaz de reconhecer roupas de pessoas pelo cheiro, para quem havia cheiros de família, que tinha verdadeiro prazer com cheiros de cabelos de mulheres.[141] Além disso, verifica-se que ele criou uma transferência da luta que lhe é inconsciente, devido à qual adoeceu, ao deslocar amor da prima à costureira e agora a faz disputar com minha filha, esta sendo o partido rico e nobre. Potência com a costureira é excelente. Ousa hoje atacar a mãe, lembrança bastante precoce de como ela estava deitada no sofá, se ergueu e tirou algo amarelo de debaixo da saia e depôs sobre cadeira. Na época quis tocá-lo, grande horror, em sua lembrança tornou-se mais tarde uma secreção e daí transferência de que todos os membros femininos de minha família sufocam num mar das mais variadas secreções asquerosas. Ele supôs que todas as mulheres tinham secreções asquerosas e ficou muito surpreendido por não encontrá-las nas duas relações que teve. A mãe padecia de uma doença ginecológica e tem agora um mau cheiro genital que o incomoda terrivelmente. Ela mesma diz que fede se não toma banho com mais

---
140. Ver acima, p. 110. (N.E.)
141. Anotado à margem, verticalmente: "farejador". (N.T.)

frequência, mas que não pode se conceder isso e ele fica horrorizado a respeito.

Relata duas encantadoras histórias de crianças, uma delas sobre menina de cinco ou seis anos que está terrivelmente curiosa a respeito de São Nicolau, finge estar dormindo e então vê como papai e mamãe enchem sapatos e meias com maçãs e peras. Pela manhã ela conta à governanta: Não existe São Nicolau, quem faz isso são papai e mamãe e agora não acredito em mais nada, nem na cegonha, isso também são papai e mamãe que fazem.

Outra de seu pequeno sobrinho, 7[142] anos muito covarde e que tem medo de cães e a quem o pai repreende, O que farias se viessem dois cães. De dois não tenho medo, eles cheiram o bumbum um do outro por tanto tempo que a gente pode fugir enquanto isso.[143]

14 de dezembro. Ao passo que as coisas vão bem com moça, que o agrada pela naturalidade e com quem é muito potente, fica claro a partir de ideias obsessivas enunciadas com mais facilidade que existe uma corrente hostil contra mãe, à qual ele reage agora com exagerada consideração e que provém das repreensões dela durante educação, em especial por causa da sujeira. História dos

---

142. O número é difícil de decifrar no manuscrito. Também poderia ser um "9". (N.E.)
143. Anotado à margem, verticalmente: "histórias de crianças". (N.T.)

arrotos da mãe e afirmação dele, doze anos, de que não consegue comer de nojo.

16 de dezembro. Pensa junto à sua costureira, "A cada coito da prima, um rato". Isso mostra que rato é algo contável. A frase surge como compromisso entre corrente amistosa e hostil. Nesse sentido a). cada um desses coitos lhe abre caminho para outro com a prima b). cada coito acontece a despeito dela e se destina a irritá-la. –

Seu quadro se compõe de ideias claras e conscientes, fantasias delírios e ideias obsessivas, transferências.[144]

Uma vivência "terrível" a propósito da história dos ratos. Ainda antes de seu adoecimento, ele viu certa vez um animal como um rato passar deslizando junto ao túmulo do pai. Uma das doninhas ali tão comuns. Ele supôs, o que se pode pensar como muito provável, que o animal vinha de uma refeição com o pai. Suas ideias sobre a continuação após a morte são no inconsciente tão coerentemente materialistas quanto [as] dos antigos egípcios. A propósito disso, a ilusão, após a fala do capitão N. sobre os ratos, de que a terra se levanta diante dele como se embaixo houvesse um rato, o que ele tomou como presságio. Ele não suspeitou do nexo.[145]

---

144. Anotado à margem, verticalmente, de modo a abranger este parágrafo e o anterior: "fórmula dos ratos". (N.T.)
145. Anotado à margem, verticalmente: "elemento acidental". (N.T.)

19 de dezembro. Sua avareza se torna clara. A convicção de que pai casou-se com mãe devido à vantagem material e abandonou o próprio amor, que pode se basear numa alusão da mãe de que a relação dela com Rubensky valia mais do que dote, somada à recordação dos apuros do pai no tempo de exército, o fazem abominar a pobreza que obriga as pessoas a cometer tais crimes. Seu menosprezo pela mãe encontra satisfação nisso. Ele poupa, portanto, a fim de não precisar trair seu amor. Da mesma forma ele deixa todo o dinheiro à mãe porque não quer nada dela, o dinheiro pertence a ela e não traz benção alguma.

Tudo o que há de ruim em sua natureza, acha ele, vem do lado materno. O avô materno era um homem brutal que maltratava esposa. – Todas as suas irmãs e o irmão passaram pela grande transformação de crianças malcriadas em pessoas muito honestas, irmão em menor escala. *Condição de novo-rico.*[146]

21 de dezembro. Identifica-se com mãe em comportamento e transferência no tratamento. Comportamento: falas tolas o dia inteiro, empenho por dizer algo desagradável a cada um dos irmãos, observações críticas sobre tia e prima. Transferência: ideia de dizer que não me compreende, pensamentos: vinte coroas são o bastante para o *Parch*[147] – etc. Ele confirma essa construção ao

---

146. Anotado à margem, verticalmente: "novo-rico". (N.T.)
147. Xingamento iídiche, usualmente *Parachkopf*, isto é, pessoa com sarna na cabeça, sujeitinho imbecil, presumido, que não tem noção de nada. (N.E.)

demonstrar que emprega palavras idênticas às da mãe a propósito da família da prima. Provavelmente ele também se identifica com mãe na crítica ao pai e assim dá continuidade em seu interior à desavença dos pais. Em um (antigo sonho) que ele relata, ele estabelece abertamente um paralelo entre seus motivos para o ódio contra o pai e os da mãe. "O pai voltou; ele não se admira nem um pouco com isso (força do desejo). Ele tem uma gigantesca alegria, a mãe diz em tom reprovador. Friedrich, por que não deste notícias por tanto tempo. Ele tem a ideia de que agora será preciso economizar, visto que há uma pessoa a mais na casa." Sua ideia é vingança pelo fato de ter ouvido que pai estivera tão desesperado quando de seu nascimento tal como estivera por ocasião de cada novo filho, outra coisa por trás disso, que pai gostava de se fazer de rogado, como se quisesse abusar de seu poder, ao passo que talvez apenas saboreasse deleite de que tudo vinha dele. Observação da mãe se refere ao relato dela de que ele, certa vez, quando ela estava no campo, escrevera tão pouco que ela veio a Viena para ver como ele estava ou seja queixa de ser maltratada.

23.XII.07 Abalado por recente adoecimento do dr. Pr., caráter semelhante ao do pai rústico sujeito honrado, passa pelas mesmas coisas que na doença do pai. A mesma doença, aliás: enfisema. Seu pesar, aliás, não deixa de estar mesclado com vingança, deduz ele de fantasias que veem Pr. já morto. Motivos de vingança poderiam ser recriminações, que por longo tempo lhe foram feitas na família, de que não aconselhara pai de modo enérgico o bastante a aposentar-se. A sanção dos ratos se estende também a ele. Então lhe ocorre algo. Alguns dias antes morte, Pr. declarou que ele próprio estava mal e que passava o tratamento ao dr. Schmidt; obviamente porque o caso estava perdido e o afetava demais em razão da amizade íntima. Ele pensou na época: Os ratos abandonam o navio que afunda – Ele tem ideia de que mata Pr. com seu desejo e de que poderia mantê-lo vivo. Ou seja, ideia de sua onipotência. De fato acredita que com seu desejo manteve a prima viva duas vezes. Uma vez no ano anterior quando ela sofria de insônia, ocasião em que ele ficou acordado noite adentro e foi realmente a primeira noite em que ela dormiu melhor. Outra vez durante acessos, quando ele sempre conseguia, assim que ela estava perdendo a consciência, mantê-la desperta mediante observações que tinham de interessá-la. Ela reagia a conversas mesmo nesse estado.

Donde proviria ideia de sua onipotência? Creio que do primeiro caso de morte na família – Katherine, do qual conservou três recordações.[148] Ele corrige e amplia a primeira. Vê como ela é carregada para a cama, não pelo pai e ainda antes de ser reconhecida como doente, pois o pai xinga e ela é levada embora da cama dos pais. É que ela já se queixava há muito de cansaço, ao que ninguém prestou atenção. Quando dr. Pr. a examinou certa vez, ficou pálido. Ele constatou um carcinoma (?), ao qual ela acabou sucumbindo. Enquanto discuto as possibilidades

---

148. Ver acima, p. 183. (N.E.)

de ele se sentir culpado por essa morte, ele parte de outro ponto, significativo também pelo fato de ele não se recordar da ideia de onipotência antes disso. Quando ele estava com vinte anos eles tinham costureira que ele atacava repetidamente, mas de quem não gostava de verdade porque ela era exigente e sobremaneira carente de amor, queixava-se de que não gostavam dela. Ela o provocou de modo direto a assegurar-lhe que gostava dela, e ficou muito desesperada quando ele se recusou francamente a fazê-lo. Algumas semanas depois ela se jogou da janela. Ela não o teria feito se ele tivesse se envolvido na relação. Portanto, onipotência é expressada quando se concede ou se recusa amor, na medida em que se tem poder de fazer alguém *feliz*.[149]

Um dia depois, diz admirar-se com o fato de não sentir remorso após essa descoberta, porém acredita que ele simplesmente já estivesse aí (excelente!).

Então ele quer desenvolver historicamente suas ideias obsessivas.

Primeira em dezembro de 1902 quando lhe veio à mente de súbito que deveria fazer exame em determinada data, janeiro de 1903, o que então também aconteceu [após morte da tia e acesso recriminatório devido à difamação do pai].[150] Compreende isso muito bem como aplicação *a posteriori*. Pai sempre se incomodara por ele não ser aplicado. Portanto, ideia de que o magoaria graças à sua indo-

---

149. Anotado à margem do parágrafo, verticalmente: "onipotência". (N.T.)
150. Colchetes de Freud. (N.E.)

lência se ele estivesse vivo, a mesma coisa também agora. Demonstro-lhe como o pressuposto de toda a neurose é essa tentativa de rechaçar a realidade da morte do pai. Em fevereiro de 1903 após morte de um tio indiferente novo ataque de recriminações por ter dormido naquela noite[151]; grande desespero, ideias suicidas, horror à própria morte. Pois o que significa morrer? Como se o som da palavra tivesse de dizer-lhe. Como deve ser terrível não ver, não ouvir e não sentir nada. Ele nem percebeu a conclusão errônea e salvou-se desse pensamento com a suposição de que devem existir um além e uma imortalidade. No verão de 1903 em viagem de barco pelo Mondsee[152] ideia súbita de jogar-se na água. Voltava com Julie de visita ao dr. E., por quem ela era apaixonada. No curso das ideias sobre o que faria pelo pai veio-lhe de início pensamento hipotético, se tivesse de pular na água para que nada lhe acontecesse, e então logo positivamente a incitação. Analogia com reflexão antes morte do pai sobre se ele daria tudo para salvá-lo, mesmo nas palavras. Daí provavelmente comparação com prima, que nesse verão o tratara mal pela segunda vez. A raiva dele na época foi imensa, recorda-se que pensou subitamente deitado no sofá: Ela é uma puta, o que muito o assustou. Não duvida mais de que também tivera de expiar tal raiva contra pai. Na época os temores já oscilavam entre pai e prima (puta = provavelmente comparação com mãe). Portanto, por ele ser amante infeliz, a *incitação a pular na água* só pode ter vindo da prima.

---

151. A noite em que seu pai faleceu. (N.E.)
152. Lago na região alpina do Salzkammergut, na Áustria. (N.T.)

27. XII. Novo começo com correção: em dezembro de 1902 ele revelou ao amigo suas autorrecriminações, fez o exame em janeiro, na época ainda não era data fixa, como pensara erroneamente, e sim apenas 1903 em julho. Na primavera [1903?] violentas recriminações (de onde?) a explicação é dada por detalhe. Ele caiu subitamente de joelhos, procurou devoção, decidiu acreditar no além e na imortalidade. Isso significa portanto cristianismo bem como ida à igreja em Unterach[153] depois de ter chamado a prima de puta.[154] Pai nunca quisera se deixar batizar, mas lamentava muito que seus antepassados não o tivessem livrado desse negócio desagradável. Disse-lhe com frequência que não o impediria se ele quisesse tornar-se cristão. Então uma jovem cristã passou a competir com a prima na época? Não. Rubensky são judeus, não é? Sim e dos bons, o batismo dele teria dado um fim a todos os planos da parte dos R. Então o ajoelhar-se deve ter sido dirigido contra o plano dos R. e ele deve ter tomado conhecimento dele antes da cena dos joelhos.[155] Ele acredita que não, mas admite que há algo que não sabe com certeza. O que ele recorda nitidamente é o desfecho do plano, sua visita com posterior cunhado (e primo) Bob St. aos R., quando se ponderou o plano de que se instalassem nas proximidades do Schlachtviehmarkt, ele como estagiário, St. como advogado. St. o ofendeu muito nessa ocasião. Na conversa surgiram estas palavras: Agora vê se dá um

---

153. Às margens do Attersee, no Salzkammergut. (N.E.)
154. Anotado à margem, verticalmente: "cristianismo". (N.T.)
155. Anotado à margem, verticalmente: "devoção". (N.T.)

jeito de terminar. É bem possível que a mãe tivesse lhe comunicado o plano meses antes.

Conta mais, que nessa primavera de 1903[156] estudou mal, dividiu material, mas trabalhava apenas à noite até doze ou uma hora, e então lia por horas a fio, o que ele absolutamente não compreende. Aqui ele intercala que por volta do ano de 1900 fez *juramento* de nunca mais se masturbar, único de que se recorda. Mas nessa época ele ainda costumava com frequência após a leitura iluminar bem o vestíbulo e o banheiro, despir-se e observar-se no espelho. Sempre preocupação com membro muito pequeno; nessas cerimônias certo grau de ereção, que o acalmava. Às vezes também punha espelho entre as pernas. Além disso costumava sofrer na época da ilusão de que batiam lá fora no corredor, de que era o pai que queria entrar no apartamento e que se a porta não fosse aberta ele veria isso como sinal de que sua presença não era desejada e então iria embora. Ele veio várias vezes bater à porta. Fez isso por algum tempo até se assustar com a morbidez dessas ideias e livrar-se delas mediante a ligação de que se fizesse isso aconteceria um mal ao pai.

Todas essas coisas estão desconectadas e são incompreendidas. Elas se organizam se supusermos que ele aguarda a visita do pai entre doze e uma hora com intenção supersticiosa, desloca o estudo para a noite a fim de que ele o encontre estudando, mas então após

---

156. O ano não pôde ser decifrado com certeza no manuscrito, talvez seja uma correção de "1901". (N.E.)

isolamento intercalado e espera [devido à]¹⁵⁷ incerteza do possível momento fez aquilo que ele próprio considera como substituto do onanismo, ou seja, desafiando o pai. Ele confirma o primeiro ponto e acerca do último acredita ter a sensação de que uma obscura memória de infância se relacione com isso, mas ela não vem.¹⁵⁸

Na noite anterior à partida para o campo, no início ou em meados de junho ocorreu aquela cena de sua despedida da prima que veio para casa com X., cena em que ele acreditou que ela o desmentira. Nas primeiras semanas da estadia em Unterach aquele espreitar pelas frestas da cabine, quando viu nua uma mocinha bem nova e fez a si mesmo as mais dolorosas recriminações sobre como a consciência de ser espiada poderia agir sobre ela.

O relato sistemático devora aqui todos os outros elementos atuais.

28 de dezembro. Faminto e é saciado.

Continuação. Ideia obsessiva em Unterach. Ocorre-lhe subitamente que precisa *emagrecer*, começou a levantar-se da mesa, naturalmente não comia sobremesa e a correr sob o sol até estar banhado de suor, então parava e corria mais um trecho, também subia montanhas correndo dessa maneira.¹⁵⁹ No alto de uma encosta

---

157. Trecho obscuro; a inserção é minha. (N.T.)
158. Anotado à margem, verticalmente: "fantasia oposta pai". (N.T.)
159. Anotado à margem, verticalmente: "Dick". Ver acima, p. 79. (N.T.)

íngreme veio-lhe ideia de *saltar*. Naturalmente teria sido a morte. A propósito recordação do exército. Quando servia como voluntário não lhe era fácil subir montanhas. Em exercício de inverno no Exelberg[160] ele ficou para trás e buscou estimular-se com fantasia de que no topo da montanha estava a prima a esperá-lo. Mas não atingiu o objetivo e foi ficando para trás, até juntar-se aos incapazes de marcha. Na época do exército – ano em que pai morreu – ele acredita que as primeiras ideias obsessivas eram então puramente hipotéticas. Se agora cometesses algo contra subordinação. Imagina situações como que para medir seu amor pelo pai. Se ele marchasse em fila e o pai desfalecesse diante dele, será que sairia da fila e correria para apoiá-lo. (Lembrança do pai, que saca prêmio e depois corre atrás.)[161] Origem dessa fantasia quando ele saiu em marcha da caserna e passou em frente à casa, ele tinha na época três semanas de confinamento na caserna e não vira os seus nessas primeiras semanas difíceis após a morte do pai. As coisas não iam bem para ele no exército, estava apático, não conseguia dar conta de nada, primeiro-tenente os insultava e batia neles com a folha do sabre quando não conseguiam realizar certos saltos. Recordação: Certa vez ele tomou coragem e lhe disse: "Senhor primeiro-tenente, isso também funciona sem sabre". O homem foi abaixo, mas então se aproximou dele e disse, da próxima vez trago o chicote. Ele tinha muita raiva para reprimir na época, fantasiava muito com

---

160. Colina do Bosque de Viena. (N.E.)
161. Ver acima, p. 216. (N.E.)

o duelo mas desistiu. Sob certo aspecto era-lhe agradável que o pai não vivesse mais. Na condição de ex-soldado, ele teria se ofendido muito. Pai também lhe arranjou contato. Quando ele informou a lista dos oficiais pai encontrou um nome que lhe era conhecido, o filho de um oficial sob o qual ele próprio servira e escreveu a este. História desse pai; como seu pai certa vez numa acumulação de neve em Pressburg, devido à qual trem não podia entrar municiou os judeus com pás, apesar da costumeira exclusão do mercado, o oficial que na época era comissário lá dirigiu-se a ele e disse: Bravo, velho camarada, fizeste bem, ao que o pai: Seu patife, agora me chamas de velho camarada porque te ajudei, naquela época me trataste de outro modo.

(Vê-se empenho de agradar o pai por meio das corridas.)

Outra obsessão em Unterach sob influência do fato de ter sido desmentido pela prima: obsessão de falar, normalmente ele falava pouco com mãe, mas então se forçou a falar sem cessar com ela de um ponto a outro do passeio muitos absurdos no meio disso, relata isso de forma mais geral, mas segundo exemplo eles partem evidentemente da mãe. Obsessão comum de contar por exemplo de ter contado quarenta ou cinquenta entre trovão e relâmpago.[162] Espécie de obsessão protetora quando viajou com prima no barco e soprava vento cortante, teve de colocar-lhe o boné dele. Foi para ele como um mandamento de que nada poderia acontecer

---

162. Ver acima, p. 177. (N.E.)

a ela. *Obsessão de compreender*, devido à qual se obrigava a compreender com exatidão cada sílaba que lhe era dita como se com isso perdesse um grande tesouro.[163] Assim, perguntava sempre: O que foi que disseste e quando repetiam ele achava que havia sido diferente da primeira vez e se tornava muito importuno.

Isso requer ordenamento com relação à prima. A explicação que ela lhe deu sobre o suposto desmentido, de que só quisera protegê-lo de parecer ridículo diante de X. deve ter mudado radicalmente a situação. A obsessão protetora é evidente remorso e penitência e também a obsessão de compreender remonta a ela, pois eram as palavras dela que para ele haviam tido tanto valor. Realmente não a teve antes da época da prima da chegada da.[164] Compreende-se então facilmente a generalização. Os outros tipos de obsessão ocorreram então antes da conversa com prima, o que a memória dele confirma. O *medo de contar* antes da tempestade tem então caráter de oráculo e aponta para medo da morte, *a que idade ele provavelmente chegará*. Então a corrida sob o sol tem algo de suicida, devido ao amor infeliz. Ele confirma tudo isso. Antes da partida para Unterach ele disse ao amigo Y. que desta vez tinha uma *sensação estranha definida de que* não

---

163. Anotado à margem, verticalmente: "obsessão de compreender". (N.T.)

164. Freud parece ter querido dizer inicialmente "antes da época da prima", e depois, "antes da chegada da prima", sem decidir-se por nenhuma das formulações. (N.T.)

retornaria mais a Viena.[165] Claras ideias suicidas eram-lhe familiares desde a infância, por exemplo quando precisava levar notas escolares ruins para casa e sabia que pai teria desgosto. Mas certa vez, quando tinha dezoito anos, irmã da mãe estava em visita, cujo filho se dera um tiro um ano e meio antes, em razão de amor infeliz dizia-se e ele pensou que a Hilde por quem certa vez estivera muito apaixonado continuava sendo causa. Essa tia parecia tão triste e abalada que ele jurou a si mesmo que, não importa o que lhe acontecesse, mesmo amor infeliz, em virtude da mãe jamais se mataria. A irmã Constanze lhe disse quando ele chegou em casa da corrida: Vais ver Paul, ainda terás um ataque.

Mas se antes da conversa se tratava de ímpetos suicidas, tal só pode ter sido autopunição, pois em sua raiva desejara a morte da prima. Dou-lhe para ler *A alegria de viver*, de Zola.[166] Ainda relata que no dia da partida da prima de Unterach encontrou pedra na rua e fantasiou que a carruagem dela poderia topar com essa pedra e machucá-la. Por isso a removeu, mas vinte minutos depois lhe ocorreu que isso era absurdo e voltou para recolocar a pedra em seu lugar. Portanto, também aqui a moção hostil contra prima conservada ao lado da moção protetora.[167]

---

165. Anotado à margem, verticalmente: "pressentimento malogrado". (N.T.)
166. O herói desse romance está constantemente ocupado com pensamentos em sua própria morte e na de outros. (N.E.)
167. Anotado à margem, verticalmente: "compulsão antitética envolvendo pedra". (N.T.)

2 de dezembro.[168] Interrompido por doença e morte do dr. Pr., que ele trata como um pai, pode fazê-lo após relações pessoais, situação em que vem à luz toda sorte de traços hostis: desejos envolvendo ratos, que remontam ao fato de ele ter recebido dinheiro deles na qualidade de médico da família. Tantos cruzados tantos ratos, ele diz a si mesmo ao jogar dinheiro na caixa de coleta durante o funeral. Em identificação com mãe ele consegue inclusive fundamentar ódio contra ele em termos pessoais visto que ela o recrimina por não ter convencido o pai a retirar-se dos negócios. No caminho ao cemitério ele ainda tem aquele sorriso singular que sempre o perturba ao tomar parte de funerais. Ainda alude à fantasia de que dr. Pr. violenta sua irmã Julie (provavelmente inveja devido aos exames médicos). A propósito, recordação de que papai deve ter feito certa vez algo impróprio com ela quando tinha 10 anos.[169] Ele ouviu gritos no quarto e então papai saiu e disse: Mas a moça tem um cu que parece de pedra. Singularmente, não houve avanços em sua crença de que realmente nutriu raiva contra o pai, embora ele reconheça toda a fundamentação lógica.

Ligando-se a isso mas sem clareza a que ponto, uma fantasia transferencial em que entre duas mulheres, minha esposa e minha mãe há um arenque estendido, que vai do orifício anal de uma e chega ao da outra até

---

168. Assim no manuscrito, sem dúvida um erro. A data correta seria 2 de janeiro. (N.E.)

169. O número é difícil de ler no manuscrito; também poderia ser "16". (N.E.)

que uma mocinha o corta ao meio, depois do que os dois pedaços (como se estivessem descascados) caem.

A propósito disso de início apenas a confissão de que ele absolutamente não gosta de arenque, recentemente[170] lhe serviram arenque na refeição, mas não o tocou. A moça é uma que ele viu na escadaria e tomou por minha filha de doze anos.

2 de janeiro [de 1908] (Direto.) Admira-se por ter ficado tão enfurecido quando Constanze o convidou hoje de manhã a ir com ele ao teatro. Desejou-lhe imediatamente os ratos, então passou a ter dúvidas se deveria ir agora ou não e qual das duas decisões seria propriamente ceder à compulsão. Devido a isso ela lhe atrapalhou um encontro com a costureira e visita à prima que está doente, aliás, falou desse modo direto. Seu mau humor de hoje poderia provir da doença da prima. Então supostamente só tem insignificâncias, hoje posso lhe dizer muitas coisas. Enquanto deseja os ratos para Constanze, ele próprio sente o rato mordiscar seu ânus e o enxerga vividamente. Estabeleço uma relação que lança nova luz sobre rato. Ele teve vermes afinal, o que recebeu contra eles. Pastilhas. Clisteres também não. Estes por certo também, ele acredita recordar-se. Então ele deve ter se oposto de maneira especial a eles, pois havia por trás disso um prazer recalcado. Ele também acredita na oposição. Antes disso ele deve ter tido um período de prurido no ânus. A história do arenque lembra-me muito

---

170. Ver acima, p. 233. (N.E.)

esses clisteres (estágio prévio dele: está até o pescoço com isso). Será que ele não teve outros vermes, tênia[171], contra os quais se recebe arenque, ou pelo menos ouviu falar a respeito? Isso não, mas ele prossegue com recordações a respeito de vermes. [Em Munique ele descobriu certa vez um grande verme redondo em suas fezes depois de ter tido sonho de estar parado sobre trampolim que se movia com ele em círculo. Esses eram os movimentos do verme. Ele tem uma defecação impreterível toda vez logo após o despertar.][172] Aos dez anos viu certa vez seu primo durante a defecação, este lhe chamou a atenção para um grande verme nas fezes; grande nojo. A isso ele acrescenta o que define como o maior susto de sua vida: Mais ou menos antes dos seis [anos de idade] mãe tinha uma ave empalhada de um chapéu que ele pegou emprestada para brincar. Enquanto ele se moveu correndo ave na mão, moveram-se as asas dela. No susto de que ela tivesse recobrado vida, jogou-a fora. Penso em relação com morte da irmã – a cena certamente foi mais tarde – e chamo a atenção para como essa crença facilita a posterior ressurreição do pai. Visto que ele não reage a isso, interpreto de outro modo[:] como ereção por efeito de sua mão, e nisso encontro relação com morte, que em período pré-histórico ele foi ameaçado com morte se ele se tocasse, levasse pênis à ereção e que ele explicou a morte da irmã pelo onanismo.[173] Ele concorda com isso ao

---

171. Anotado à margem, verticalmente: "vermes". (N.T.)
172. Colchetes de Freud. (N.E.)
173. Anotado à margem, verticalmente: "morte". (N.T.)

realmente admirar-se por nunca ter praticado o onanismo na puberdade, embora tanto tivesse sofrido com ereções, já quando criança uma cena em que ele mostra ereção abertamente à mãe. Ele resume sua sexualidade, que se contentou com olhar, caso de [srta.] Peter e outras mulheres. Toda vez que pensava em mulher nua que o excitava, ereção.[174] Recorda nitidamente de duas meninas na seção feminina do balneário público, doze e treze anos, cujas coxas tanto lhe agradaram que ele desejou claramente ter uma irmã com coxas tão belas. Então período homossexual com amigos, mas nunca toque recíproco, apenas observação e no máximo prazer com isso. Observação substitui-lhe toque. Lembro-lhe as cenas do espelho após seu estudo à noite[175], nas quais segundo interpretação masturbava-se desafiando o pai após ter estudado por amor a ele, exatamente como ao Deus o proteja... se segue o "não". Deixamos essas ligações assim e ele conta agora o sonho de Munique com o verme e a partir daí notícias sobre sua evacuação rápida da manhã, o que então se liga com a fantasia transferencial do arenque. A propósito da criança que resolve a difícil tarefa[176] com "genialidade brincalhona", ocorre-lhe Mizzi Q., uma encantadora menininha então com oito anos quando ele se relacionava com família, ele próprio ainda não doutor: Viaja a Salzburgo às 6[177] da manhã. Ele estava muito mal

---

174. Anotado à margem, verticalmente: "mania". (N.T.)
175. Ver acima, p. 232. (N.E.)
176. Ver acima, p. 239, e adiante, p. 242. (N.E.)
177. O número não é claro no manuscrito. Também poderia ser um "4". (N.E.)

humorado porque sabia que a evacuação logo ocorreria e quando a necessidade realmente veio ele desembarcou em estação com pretexto ainda alcançou o trem, mas foi surpreendido pela senhora Q. quando lançou um último olhar às suas roupas. A partir de então constrangimentos constantes diante dessa mulher no decorrer desse dia. Então lhe ocorrem a propósito disso um touro e então se interrompe. Ideia que supostamente não se relaciona com isso. Em conferência de Schweninger e Harden[178] ele encontrou o prof. Jodl[179], muito venerado por ele na época e que inclusive trocou com ele algumas palavras. Mas Jodl significa touro, como ele sabe muito bem.[180] Na época, Schönthan[181] escreveu um folhetim no qual descrevia sonho: que era Schweninger e Harden numa só pessoa e assim respondia às perguntas que lhe eram feitas, até que alguém lhe pergunta por que os peixes não têm cabelos. Suor frio, até que lhe ocorre uma saída e diz, É sabido o quanto as escamas prejudicam o crescimento do

---

178. Ernst Schweninger (1850-1924), médico de Bismarck, e o jornalista Maximilian Harden (1861-1927) proferiram conjuntamente em 5 de fevereiro de 1898 uma conferência em Viena sobre a medicina, e, mais exatamente, em forma de diálogo. O artigo de Schönthan mencionado abaixo sem dúvida parodiava essa conferência. (N.E.)

179. Friedrich Jodel (1849-1914) era professor de filosofia na universidade de Viena. (N.E.)

180. Freud refere-se ao dialeto de Viena; o termo usual é *Stier*. (N.T.)

181. Franz Schönthan (1849-1913) era conhecido em Viena como autor de comédias e farsas. (N.E.)

cabelo e por isso os peixes não podem ter cabelos. Com isso se determina o arenque na fantasia transferencial. Certa vez, quando ele relatou como sua garota estava deitada de bruços e seus pelos pubianos apareciam por trás, lamentei que agora as mulheres não lhes dedicassem nenhum cuidado, que eram algo nada bonito e por isso ele cuida para que ambas as mulheres não tenham pelos.[182]

Minha mãe deve significar... avó, que ele próprio nunca conhecera, mas ocorre-lhe a avó da prima. Casa dirigida por duas mulheres. Quando lhe trouxe o lanchinho[183], ele imediatamente teve ideia de que fora preparado por duas mulheres.

3 de janeiro. Se o *rato é o verme*, então também é o pênis; resolvo dizer-lhe isso; então sua fórmula é simplesmente a (teoria sexual infantil da relação anal) expressada de modo arcaico, a manifestação libidinal, que anseia pela relação sexual, dotada de um lado de desejo e outro de raiva, com dois lados tal como a maldição dos eslavos meridionais sobre foder no cu.[184] Antes disso ele me comunica hoje muito jovial a solução da última fantasia. Minha ciência é a criança que com superioridade jovial, "genialidade sorridente" resolve o problema, tira

---

182. Na fantasia mencionada acima, p. 238. (N.E.)
183. Ver acima, p. 233. (N.E.)
184. Sobre esse tema, ver *Anthropophyteia*, vol. 2, 1905, p. 421 e segs. (N.E.) O trecho é obscuro; as vírgulas que inseri parecem deixá-lo mais claro. Anotado à margem, verticalmente: "solução dos ratos". (N.T.)

as cascas que revestem suas ideias e assim livra as duas mulheres dos desejos dele envolvendo arenques.

Depois que lhe disse que rato é o pênis, passando por verme (ao que ele insere de imediato "pequeno pênis"), rabo de rato – rabo[185], sobrevém-lhe uma verdadeira enxurrada de ocorrências, nem todas em conexão, a maioria oriunda do lado de desejo da formação. Algo sobre a pré-história da ideia dos ratos, que sempre lhe parecera pertinente. Meses antes de ela se formar ele encontrou na rua mulher que reconheceu de imediato como prostituta, ou pelo menos como uma mulher que se envolvera sexualmente com o acompanhante dele. Diante do sorriso peculiar dela, estranha ideia de que prima estava no corpo dela e que seus genitais se localizavam de tal modo por trás dos da mulher que ela recebia algo de cada coito. Então a prima estava dentro dela e se inflava de tal modo que estourava a pessoa. Naturalmente, só pode significar que se trata da mãe dela, tia Laura. Então passando por esses pensamentos, que não a tornam muito melhor do que uma puta e finalmente ligação com tio Alfred irmão dela, que a ofende abertamente: Tu te empoas como uma *Chonte*.[186] Esse tio morreu com dores atrozes. Após sua inibição ele se intimida com a ameaça de que será punido por esses pensamentos da mesma forma. Então, diversas ocorrências de que teria desejado abertamente relações sexuais à prima – antes da teoria dos ratos – e a forma

---

185. O termo alemão *Schwanz*, "rabo", é uma designação vulgar para "pênis". (N.T.)
186. Expressão iídiche para prostituta. (N.E.)

ocasional delas em que ele deveria aplicar-lhe os ratos. Além disso, muitas ligações com dinheiro, de que fora seu ideal estar sempre sexualmente a postos, mesmo logo após coito, talvez por isso ele mencione deslocamento para o além? Dois anos após a morte do pai a mãe lhe comunicou ter jurado sobre o túmulo do pai recuperar em breve pela parcimônia o que fora gasto do capital. Ele não acredita no juramento, mas aqui motivo principal de sua parcimônia. Jurou então (a seu modo) não gastar mais de cinquenta florins por mês em Salzburgo, mais tarde ele tornou incerto o acréscimo ["]em Salzburgo["], de modo que nunca poderia gastar mais, nem jamais casar-se com prima. (Isso provém da corrente hostil à prima passando por tia Laura tal como fantasia do arenque.) Contra isso, ocorre-lhe que não precisaria casar-se se prima se colocasse à disposição dele. E contra isso, por sua vez, objeção de que então precisaria pagar cada coito com florins como a uma prostituta. Assim ele chega ao germe de seu delírio: Tantos florins, tantos ratos (*Tantos rabos – coitos, tantos florins*).[187]

Naturalmente, toda a fantasia da puta se refere à mãe por estímulo do primo, que disse maldosamente ao menino de doze anos que sua mãe era uma puta e acenava como elas.[188] Quando a mãe arruma o cabelo ele costuma puxar a trança dela, agora bem fina, e chamá-la de *rabo de rato*. – Quando criança ele pensou certa vez, quando

---

187. Anotado à margem, verticalmente: "solução dos ratos". (N.T.)
188. Ver acima, p. 200. (N.E.)

mãe estava na cama e num movimento descuidado mostrou o traseiro, que estar casado consistia em mostrar-se mutuamente o bumbum. Em brincadeiras homossexuais com irmão assustou-se violentamente certa vez quando ao engalfinharem-se no banho pênis do irmão apontou para seu ânus.

A propósito disso muitas ocorrências que não cabe interpretar, também algumas transferências hostis contra mim.

4 de janeiro. Jovial. Abundância de outras ocorrências transferências etc. que renunciamos momentaneamente a interpretar. Com referência à criança que desfaz a ligação do arenque – a ciência: fantasia de que dá pontapé nessa criança e depois que pai quebra vidraça. A propósito disso, história que fundamenta rancor contra pai. Depois de perder a primeira aula de religião no ginásio e negá-lo de modo inábil, pai muito infeliz e quando ele se queixou que Hans[189] o batia, ele disse: Tudo bem, dá-lhe apenas um pontapé. Outra história de pontapé relacionada ao dr. Pr.: Atual cunhado Bob St. hesitou por longo tempo entre Julie e a filha do dr. Pr., cujo sobrenome agora é Z. Quando a decisão urgia, ele foi chamado para a reunião e deu o conselho de que a moça, que o ama, deveria perguntar-lhe diretamente se sim ou não. Dr. Pr. disse: Bem, se tu o amas, estou de acordo, mas se hoje à noite (após o encontro) puderes me mostrar a marca da bunda dele em tua sola, receberás um beijo meu. Ele não gostava

---

189. O irmão do paciente. (N.E.)

nem um pouco dele. De repente também lhe ocorre que a história do casamento está estreitamente relacionada com sua tentação Rubensky. A esposa de Pr. é uma Rubensky e se Bob tivesse se casado com a filha, teria sido único candidato ao apoio da família. Então mais sobre cunhado Bob, que ele sente muito ciúme dele; ontem cenas com irmã, nas quais falou francamente. Mesmo as empregadas da casa dizem que ela o ama e beija como um amante não como irmão. Ele mesmo disse ontem ao cunhado depois de ter estado por um tempo com irmã em outro aposento: Escuta, se Julie tiver um filho dentro de nove meses não deves acreditar que é meu; eu sou inocente. Ele já tinha pensado que teria de se comportar de modo bastante ordinário para que irmã, na escolha entre marido e irmão, não tivesse razão para escolhê-lo.

Anteriormente eu já tinha lhe dito como solução de uma transferência que ele fazia em relação a mim o papel de patife, isto é de cunhado e isso significava que ele lamentava não ter Julie por esposa. Isso significa seu último delírio de comportar-se ordinariamente, que ele apresenta de modo muito complicado. Transferência foi que eu lucrava com aquela refeição que lhe ofereci[190] na medida em que ele perdeu tempo, tratamento duraria mais. Quando preparava honorários, ocorreu-lhe que precisaria pagar também essa refeição, e, mais exatamente, com setenta coroas. Estas provêm de farsa da casa de espetáculos de Budapeste, na qual o noivo fracote oferece setenta coroas ao garçom caso este queira consumar o primeiro coito com noiva em seu lugar.

---

190. Ver acima, p. 233. (N.E.)

Alusões de que ele receia que as declarações de seu amigo Springer sobre o tratamento poderiam levá-lo a afastar-se deste. Ele afirma sempre ficar muito contente quando elogio algo em suas ocorrências, mas que então uma segunda voz lhe diz: Não ligo para elogios, ou mais nitidamente: Estou cagando para eles.

Não se fala hoje do significado sexual do rato. Hostilidade muito mais nítida, como se tivesse a consciência pesada em relação a mim. Os pelos de sua amante o lembraram a pelagem de um camundongo, e esse camundongo parece-lhe estar relacionado ao rato. Ele não sabe que esse é o significado do termo carinhoso Mausi [ratinha], que ele próprio emprega. Um primo depravado, que aos catorze anos mostrou o pênis a ele e ao irmão, disse: O meu mora [*hauset*] numa floresta virgem. Mas ele entendeu: caça ratos [*mauset*, também "rouba" e, vulgarmente, "copula"].

6 e 7 de janeiro. Sorrindo jovialmente, como se tramasse alguma coisa.

Um sonho acompanhado por alguns farrapos. Ele vai ao dentista para extrair um dente estragado, mas ele não extrai o dente correto, e sim um dente vizinho ligeiramente deteriorado. Assim que ele está fora, manifesta-se espantado sobre seu tamanho. (A propósito disso, dois acréscimos mais tarde.)

Ele tem um dente cariado, mas que não lhe provoca dor, e sim apenas ligeiras sensações vez por outra. Ele esteve certa vez no dentista para obturá-lo. Mas este declarou que nesse caso só cabia extração. Normalmente ele não era nada covarde, mas então lhe ocorreu como impedimento que as dores prejudicariam de algum modo sua prima e ele se recusou a fazê-lo. Provavelmente ele teve essa ligeira sensação à noite e daí o sonho.[191]

Mas o sonho pode ignorar sensações mais fortes do que essa mesmo dores. Se ele sabe qual seria o significado do sonho com dentes.

Recorda-se obscuramente, morte de parentes.

Sim em certo sentido. São sonhos onanísticos deslocamento de baixo para cima. Como assim? Linguagem, que equipara rosto e genitais. Disso ele sabe. Mas há dentes embaixo? – Então ele compreende que é justamente por isso. – Conto-lhe também que arrancar galhos de árvores tem o mesmo significado. "Ele conhece arrancar um."[192]

Só que ele não extraiu o próprio dente mas ele foi extraído por outra pessoa.

Ele confessa que com costureira tem tentação e sabe arranjar as coisas de tal modo que pegue seu pênis. Com surpresa, ele responde afirmativamente à minha pergunta sobre se já se entedia com ela. Ele confessa o medo de que ela o arruíne materialmente e que dá a ela o que cabe à amada. Vem à luz que ele se comportou de maneira muito

---

191. Anotado à margem, verticalmente, de modo a abranger este parágrafo e o anterior: "sonho com dente". (N.T.)
192. Conforme *A interpretação dos sonhos*, "arrancar um" é uma expressão alemã grosseira para o ato masturbatório (ver capítulo VI, subcapítulo E; L&PM Pocket 1061, p. 413). (N.T.)

imprópria com finanças, não fez registros, de modo que não sabe dizer quanto ela lhe custa por mês, também que emprestou cem florins a amigo. Confessa, apanhado de surpresa, que anda a passos largos no caminho de estragar a relação e voltar à abstinência.

Digo que isso também admite outra interpretação, que não quero comunicar. O que significa que o dente não era o correto?

7 de janeiro. A ele próprio parece que a astuta doença está tramando alguma coisa. Ele foi outra vez gentil com a costureira, não houve ejaculação no segundo coito. Sobreveio-lhe medo de urinar em vez de ejacular. Quando criança um camarada lhe disse na quinta série que a reprodução do ser humano ocorria pela mijada do homem dentro da mulher. Ele tinha esquecido o preservativo. Ele evidentemente busca maneiras de estragar a relação, por exemplo: *coitus interruptus*, impotência, mal-estar.

Ele ainda tem acréscimo de ontem: dente não se parece nem um pouco com um mas com bulbo de tulipa [*Tulpenzwiebel*], ao que lhe ocorrem fatias de cebola [*Zwiebelscheiben*] cortadas. – Ele não acompanha o caminho subsequente: orquídeas, sua criptorquidia[193] a operação da prima.[194] Ele conta sobre a operação que na época estava fora de si de ciúme. Ele esteve com ela [no] sanatório, em 1899 quando jovem médico veio fazer visita

---

193. Retenção do testículo na cavidade abdominal ou no canal inguinal; ver acima, p. 222. (N.E.)
194. Ver acima, p. 223, e nota 140. (N.E.)

e enfiou a mão sob cobertor dela. Ele não sabia se isso era legítimo. Quando ouviu da coragem dela durante a operação teve ideia imbecil de que foi porque ela gostava de mostrar seu belo corpo aos médicos. Surpreendido por eu não querer considerar essa ideia tão imbecil.

Em 1898 quando se apaixonou por ela ouviu a irmã Hilde falar sobre esse belo corpo.[195] Impressão tanto maior pelo fato de a própria Hilde ser muito bonita de corpo. Talvez a raiz do amor dele. Prima sabia exatamente na época do que falavam e corou. Mesmo costureira T., que se suicidou mais tarde, disse: ela decerto sabia que prima era para ele oficialmente a mais bela das mulheres, embora ele saiba que há outras mais belas.

Sim, o dente é um pênis, ele reconhece isso, pois acréscimo diz que o dente gotejou. – Mas o que significa que o dentista lhe arrancou "dente"? Com dificuldade é possível conduzi-lo tão somente ao fato de que seria operação de arrancar o rabo; também o posterior elemento simples de que o pênis bastante grande só pode ser o do pai é finalmente admitido por ele como "devolução" e vingança contra o pai.[196] Para o sonho, afinal, é muito difícil trazer lembranças tão desagradáveis.

20 de janeiro. Longa interrupção, o mais jovial dos humores, muito material, aproximações. Nenhuma solução. Um esclarecimento casual de que suas corridas

---

195. Anotado à margem, verticalmente: "condição do apaixonamento". (N.T.)
196. Anotado à margem, verticalmente: "castração". (N.T.)

para não ficar gordo [*dick*] se relacionam com nome do primo norte-americano *Dick*[197] (Richard) *palavra de passe*.[198] Ódio contra este.[199] Mas isto é descoberta minha e falta-lhe a apreciação.

Hoje cinco sonhos, quatro deles militares. Do primeiro se depreende raiva contida contra oficiais e contenção para não desafiar um deles, que dera uma pancada no traseiro do ensebado garçom Adolf. [Esse Adolf é ele próprio.][200] Isso desemboca na cena dos ratos mediante o pincenê [*Kneifer*][201] que deixara cair e perdera, e toca em vivência do primeiro ano de universidade, quando amigo o tornou suspeito de "fugir" porque tomara bofetada de colega, desafiou-o estimulado por sugestão zombeteira de Springer e depois não levou assunto adiante. Raiva reprimida contra amigo Springer, cuja autoridade provém portanto daí e contra outro que o traiu, a quem em compensação ajudou mais tarde com sacrifícios. Ou seja, repressão progressiva do impulso de raiva com retorno do impulso erógeno de sujeira recalcado.

---

197. As elucidações a propósito de *dick*/*Dick* e de *Zwicker*/*Kneifer* (ver adiante) foram apresentadas por Freud dois dias depois, em 22 de janeiro de 1908, numa reunião da Associação Psicanalítica de Viena. (N.E.)
198. No sentido de "ponte verbal"; ver acima, p. 107. (N.E.)
199. Ver acima, p. 79. (N.E.)
200. Colchetes de Freud. (N.E.)
201. Colchetes também de Freud. (N.E.) O termo *Kneifer* é um sinônimo de *Zwicker*, "pincenê", mas, coloquialmente, também pode significar "covarde", donde o sentido do verbo *kneifen*, "fugir, sumir-se, esquivar-se", usado logo depois. (N.T.)

Colaboradores desta edição

Renato Zwick é bacharel em filosofia pela Unijuí e mestre em letras (língua e literatura alemã) pela USP. É tradutor de Nietzsche (*O anticristo*, L&PM, 2008; *Crepúsculo dos ídolos*, L&PM, 2009; e *Além do bem e do mal*, L&PM, 2008), de Rilke (*Os cadernos de Malte Laurids Brigge*, L&PM, 2009), de Freud (*O futuro de uma ilusão*, 2010; *O mal-estar na cultura*, 2010; *A interpretação dos sonhos*, 2012; *Totem e tabu*, 2013; *Psicologia das massas e análise do eu*, 2013; *Compêndio de psicanálise*, 2014, todos publicados pela L&PM Editores) e de Karl Kraus (*Aforismos*, Arquipélago, 2010), e cotradutor de Thomas Mann (*Ouvintes alemães!: discursos contra Hitler (1940-1945)*, Jorge Zahar, 2009).

Noemi Moritz Kon é psicanalista, membro do Departamento de Psicanálise do Instituto Sedes Sapientiae, mestre e doutora em psicologia social pelo Instituto de Psicologia da USP e autora de *Freud e seu duplo: reflexões entre psicanálise e arte* (Edusp/Fapesp, 1996/2015); *A viagem: da literatura à psicanálise* (Companhia das Letras, 2003), organizadora de *125 contos de Guy de Maupassant* (Companhia das Letras, 2009) e coorganizadora de *O racismo e o negro no Brasil: questões para a psicanálise* (Perspectiva, 2017). É participante do grupo de pesquisa e trabalho Psicanalista atentas(os) às relações raciais, do Instituto AMMA Psique e Negritude.

THIAGO P. MAJOLO é psicanalista e mestre em história social pela USP. É membro do Departamento de Psicanálise do Instituto Sedes Sapientiae e membro da comissão de debates da *Revista Percurso*. Sócio-fundador da empresa Ação & Contexto, pela qual foi curador de exposições e autor de livros e coordenador de trabalhos com História Oral. É participante do grupo de pesquisa e trabalho Psicanalista atentas(os) às relações raciais, do Instituto AMMA Psique e Negritude.

EDSON SOUSA é psicanalista, membro da Associação Psicanalítica de Porto Alegre. É formado em psicologia pela PUC-RS, com mestrado e doutorado pela Universidade de Paris VII, e pós-doutorado pela Universidade de Paris VII e pela École des Hautes Études en Sciences Sociales de Paris. Pesquisador do CNPq, leciona como professor titular do Departamento de Psicanálise e Psicopatologia e no Pós-graduação em Psicanálise: Clínica e Cultura da UFRGS, onde também coordena, com Maria Cristina Poli, o Laboratório de Pesquisa em Psicanálise, Arte e Política. É autor de *Freud* (Abril, 2005), *Uma invenção da utopia* (Lumme, 2007) e *Sigmund Freud* (com Paulo Endo; L&PM, 2009), além de organizador de *Psicanálise e colonização* (Artes e Ofícios, 1999) e *A invenção da vida* (com Elida Tessler e Abrão Slavutzky; Artes e Ofícios, 2001).

Colaboradores desta edição

Paulo Endo é psicanalista e professor do Instituto de Psicologia da USP, com mestrado pela PUC-SP, doutorado pela USP e pós-doutorado pelo Centro Brasileiro de Análise e Planejamento/CAPES. É pesquisador-colaborador do Laboratório de Pesquisa em Psicanálise, Arte e Política da UFRGS e do Laboratório Interdisciplinar de Pesquisa e Intervenção Social da PUC-Rio. É autor de *A violência no coração da cidade* (Escuta/Fapesp, 2005; prêmio Jabuti 2006) e *Sigmund Freud* (com Edson Sousa; L&PM, 2009), e organizador de *Novas contribuições metapsicológicas à clínica psicanalítica* (Cabral Editora, 2003).

lepmeditores
www.lpm.com.br
o site que conta tudo

IMPRESSÃO:

PALLOTTI
GRÁFICA

Santa Maria - RS | Fone: (55) 3220.4500
www.graficapallotti.com.br